1日に必要な量の半分の野菜がとれる

かんたん ワンプレートごはん

阪下千恵

はじめに

突然ですが、毎日の野菜、どのくらい食べていますか？

この本を手に取ってくれた皆さんは、きっと、たくさん野菜を食事に取り入れたい！と思っているのではないでしょうか？　厚生労働省の健康づくりの指標では、1日あたり350gの野菜をとることが目安になっています。

私も日々の食事を考える際、一番重視しているのが、野菜がたっぷりの献立にすることです。外食に比べて、野菜をたっぷり食べられるのは家で作るからこそ。

野菜に含まれる、ビタミン、ミネラル、食物繊維はもちろんですが、近年注目されている植物に含まれるファイトケミカルも積極的にとりたいところ。ファイトケミカルは抗酸化作用のあるポリフェノールなどが有名ですが、多種類の野菜をしっかり食べることが、日々の健康や美容の維持に役立ってくれていると考えています。

実際、毎日しっかりと野菜たっぷりの主菜や副菜を食べているおかげで、現在、20代の頃と同じ体重をキープできていて、毎日、気力体力も充実して過ごしています。

とはいえ、野菜たっぷりの食事がよいことはわかっていても、野菜のおかずを作るのは、下ごしらえがひと手間だったりと、忙しい日々で毎食作り続けることはとても大変です。

本書では、**かんたんに作れる「作りおきおかず」「すぐできるおかず」の両方をご紹介。1品～2品組み合わせると、1日に必要な量の野菜が半分以上とれるようになっています。これなら3食がんばらなくても、目標量をラクラク達成できます。**さらに**“ワンプレート”に盛り合わせることを提案しています。**

ワンプレートならどのくらい食べればよいかが一目瞭然。何より配膳も片付けもラクチンです。 隣り合うおかず同士を青じそやレタスで仕切るのもよし、ちょっとずつ混ざり合う味を楽しむのもよしで、ワンプレートならではのメリットもあります。

野菜をたっぷり食べたいときのアイデア帳として、ぜひご活用ください。

阪下千恵

Chie Sakashita

1日にとりたい野菜350gはこのくらい!

1日に野菜70gほど足りていません!

1日にとりたい野菜350gをお皿に盛ってみました。皆さんが毎日、食べている野菜の量に比べて多いでしょうか？少ないでしょうか？

厚生労働省が推奨する、健康づくりの指標である「健康日本21」によると、1日に必要な野菜摂取量は、成人の男女ともに350g以上とされています。このうち、緑黄色野菜から120g以上、淡色野菜から230g以上とるのが理想とされています。

しかしながら、厚生労働省の平成30年「国民健康・栄養調査」によると、日本人の野菜摂取量の平均値は280gで、70gほど足りていないのが現状です。野菜がカラダによいとわかっていても、毎日忙しく過ごしている現代人は、パンやおにぎりなど炭水化物中心の朝食や昼食になったり、外食する機会が増えたりなど、栄養のバランスが偏りがちです。

でもそもそも野菜をたくさん食べることは、私たちにとってそんなに大切なことなのでしょうか？次のページで野菜が大切な理由を説明します。

＊食品成分表による分類で「野菜」に含まれる食材のほかに、きのこ類や海藻類、果物（アボカド）など、野菜と似た使い方をする食材は、野菜とみなして計算に入れています。

野菜をたっぷりとると健康

野菜にはビタミン、ミネラル、食物繊維など多くの栄養素が含まれています。

とれる栄養素①

カラダの働きを正常に保つ

ビタミン

三大栄養素の糖質・脂質・たんぱく質の代謝を助けて潤滑油のような働きをし、人が健全に成長して、健康を維持するために欠かせない栄養素です。野菜からとれる栄養素として抗酸化作用のあるビタミンA・C・Eをはじめ、ビタミンB群の仲間である葉酸、ビタミンKなどがあります。ビタミンがとれる主な野菜はトマト、かぼちゃ、にんじん、ほうれん草、ピーマン、ブロッコリーなど。

とれる栄養素②

カラダの調整役を担う！

ミネラル

糖質・脂質・たんぱく質・ビタミンと並んで、五大栄養素のうちのひとつ。カリウム、カルシウム、鉄などがあり、血圧の上昇を抑えたり、利尿作用があったり、骨や歯を形成したり、神経の伝達に関わっています。カラダに必要なミネラルの量はわずかですが、体内でつくることができないため、食べ物から摂取することが必要です。ミネラルがとれる主な野菜はきゅうり、なす、レタス、ブロッコリー、ほうれん草、キャベツなど。

に美容にいいこといっぱい!

野菜をたっぷりとることで、肥満の防止や生活習慣病の予防・改善に役立つといわれています。

とれる栄養素③

腸内環境を整える

食物繊維・オリゴ糖

食物繊維には糖の吸収をゆるやかにする「水溶性食物繊維」と、便のカサを増やして腸のぜん動運動を促す「不溶性食物繊維」があり、腸内環境を改善してスムーズなお通じをサポートする働きがあります。血中のコレステロール値を下げる作用も期待できるので、太りにくい体質づくりにつながります。きのこ、ごぼう、ブロッコリー、さつまいも、里いもなどに多く含まれています。

オリゴ糖は食品に含まれる糖類の一種で、野菜でいうとごぼう、とうもろこし、ねぎ類、アスパラガスなどに含まれています。腸の働きを助ける「善玉菌」のエサとなって善玉菌を増やし、それにより病気の原因となる「悪玉菌」が抑えられて、腸内環境を整えてくれます。熱や酸に強いので、調理によって壊れたり、胃酸に分解されることなく腸まで届きます。

注目成分!ファイトケミカル

野菜や果物などの植物由来の化学物質のこと。主に植物の色素や香り、苦みや辛みなどの成分に含まれていて、近年では第七の栄養素といわれています。抗酸化作用があり、生活習慣病の予防、老化防止などさまざまな効果が期待されています。

カロテノイド

色素成分で、主なカロテノイドはβ-カロテン、リコピン、ルテインなどがあります。抗酸化作用が強く、カラダにとって有害な活性酸素から守ることで、がんや生活習慣病を予防したり、目の健康を維持したりする働きがあるといわれています。野菜ではトマトやにんじん、赤パプリカなどに多く含まれています。

ポリフェノール

抗酸化物質のひとつで、野菜や果物の皮や種などに含まれています。大豆のイソフラボン、緑茶のカテキンなどのほか、野菜だと、なすやさつまいもの皮のアントシアニン、玉ねぎのケルセチンなどがあります。水に溶けやすく、体内にとどめることができないので、こまめにとることが大切です。

アリシン

硫《い》黄《おう》化《か》合物《ごうぶつ》のひとつで、玉ねぎ、ねぎ、にら、にんにくなどに多く含まれ、辛みや香りが強いのが特徴。ビタミンB_1の吸収率を高めて疲労回復効果が期待できます。

スルフォラファン

ブロッコリースプラウトやブロッコリーに含まれています。強い抗酸化作用があり、がん予防に効果があるといわれています。

ワンプレートならムリなく

野菜たっぷりのおかずを食事に取り入れるにはちょっとした工夫が必要です。

こんなにたくさん食べられる!?

でも大丈夫!

野菜をひき肉に混ぜ込んだり
煮込んでカサを減らせば
ムリなくおいしくペロリ!

- トマト…小1個（150g）
- にんじん…小 1/4 本（37.5g）
- 玉ねぎ…1/4 個（50g）
- ズッキーニ…小 1/4 本（37.5g）
- レタス…2 ～ 3 枚（70g）
- ホールコーン …20g
- 海藻ミックス（乾燥）…2～3g

例えば

トマトの煮込みハンバーグワンプレート

ひと皿で
1/2 日分の野菜が
とれます!

※本書での野菜の重量は、すべて種や皮などを除いた正味重量（実際に口に入る重さ）で表記しています。
野菜の大きさによってバラつきがありますので、調理する際にはご自身で調整してください。

1/2日分の野菜がとれます！

でも本書のワンプレートならその悩みを解決できちゃいます。

メリット❶

ワンプレートなら何をどのくらい どう食べればいいかがわかる！

　本書でご紹介するレシピは、主菜も副菜も汁物も基本、1品1食あたり100g前後の野菜がとれるようになっています。直径24〜26cmのお皿に主菜1品、副菜1品、そして主食を盛れば、1/2日分の野菜がムリなくとれます。野菜の量が少し足りないときは、副菜か汁物をもう1品プラスしてください。さらにワンプレートにごはんとおかずを収めるのでうっかり食べすぎることも防げます。野菜をたっぷり食べるコツも掲載していますので、**詳しくはp.11へGO！**

組み合わせは自由自在

作りおき　主菜

キャベツ巻きとんかつ⇒ p.32

作りおき　副菜

カラフル野菜の焼きびたし⇒ p.36

すぐできる　主菜

えびとブロッコリーの
ガリバタ炒め⇒ p.35

すぐできる　汁物

オクラのわさび風味スープ⇒ p.45

メリット❷

「作りおき」と「すぐできる」のおかずだからムリなく続けられる

　野菜がカラダにいいといっても、すべてのおかずをいちいち毎食作るのは面倒！ でも本書は「作りおきおかず」と「すぐできるおかず」の両方をご紹介しています。例えば、主菜は「作りおきおかず」、副菜は「すぐできるおかず」にすれば、忙しい人でもムリなく続けられます。さらにワンプレートにおかずを盛り合わせるので洗い物が少なくてラクです。**おかずの組み合わせ方法はp.13へGO！**

Contents

はじめに 2

1日にとりたい野菜 350g はこのくらい! 3

野菜をたっぷりとると
健康に美容にいいことといっぱい! 4

ワンプレートならムリなく
1/2 日分の野菜がとれます! 6

野菜をたっぷりおいしく食べるコツ 11

ライフスタイルに合わせて
ムリなく続けられる 13

1/2 日分の野菜がとれる!
ワンプレート献立の組み立て方 14

覚えておくとラク!
主な野菜 100g の目安量と目安単位 17

この本の使い方 18

Part.1
人気おかずで絶品ワンプレート

トマトの煮込みハンバーグワンプレート 20
トマトの煮込みハンバーグ/大根おろしのせ和風ハンバーグ 21

玉ねぎどっさり豚のしょうが焼きワンプレート 22
玉ねぎどっさり豚のしょうが焼き/
小松菜たっぷり豚のコーンバター焼き 23

油淋鶏風から揚げのトマトだれワンプレート 24
油淋鶏風から揚げのトマトだれ/
和風野菜たっぷりの揚げ鶏サラダ 25

ブロッコリーとかぼちゃのグラタンワンプレート 26
ブロッコリーとかぼちゃのグラタン/
ほうれん草のカレーポテトグラタン 27

主菜・作りおき/すぐできる

野菜たっぷり肉じゃが 28
豚しゃぶでポッサム風野菜巻き 29
重ねロールキャベツのクリーム煮 30
カラフルチンジャオロースー 31
キャベツ巻きとんかつ/鶏と野菜の甘酢炒め 32
豚と緑の豆のレモンクリーム煮/
ポークソテー きのこソース 33
麻婆トマトなす/鮭と彩り野菜の南蛮漬け 34
えびとブロッコリーのガリバタ炒め/
薬味たっぷりかつおのたたき 35

副菜・作りおき/すぐできる

カラフル野菜の焼きびたし/野菜としいたけの白あえ 36
海藻とレタスのサラダ/
トマトとズッキーニのチーズ焼き 37
かぼちゃといんげんのサラダ/
カリフラワーのマスタードマヨサラダ 38
アボカドときゅうりのバジルサラダ/
焼きアスパラの温玉ソース 39
ほうれん草のごまあえ/キャベツの梅おかかあえ/
キャロットラペ 40
ミニトマトのカプレーゼ風/
ブロッコリーの明太マヨあえ/カラフル野菜の生ハム巻き 41

汁物・作りおき／すぐできる
コーンポタージュ／トマトたっぷりミネストローネ　42
チンゲン菜と桜えびの豆乳スープ／
ブロッコリーのガーリックスープ　43
たたきごぼうとにんじんのみそ汁／野菜たっぷり豚汁　44
オクラのわさび風味スープ／魚介と白菜の中華風スープ　45

Column ❶
4種の食べる野菜だれ&ソース
焼きパプリカのガーリックオイルだれ／
ほうれん草と高菜の和風だれ　47
トマトとピーマンのサルサ風ソース／
刻みきのことひき肉のみそ風味だれ　48

Part.2
お値打ち食材で節約ワンプレート

小松菜入り焼きギョウザワンプレート　50
小松菜入り焼きギョウザ／小松菜入り水ギョウザ鍋　51

鶏むね肉と野菜のトマト煮込みワンプレート　52
鶏むね肉と野菜のトマト煮込み／
鶏ときのこのトマトみそ煮込み　53

野菜としめじのふわふわオムレツワンプレート　54
野菜としめじのふわふわオムレツ／
スプラウトと青じその和風オムレツ　55

もやし&玉ねぎ入り豚のすき焼き風煮ワンプレート　56
もやし&玉ねぎ入り豚のすき焼き風煮／
もやし&玉ねぎ入り豚のすき焼き風うどん　57

主菜・作りおき／すぐできる
鶏むね肉と野菜のミックスフライ　58
キャベツとにらの豚キムチ炒め　59
豚こまのカレークリーム煮　60
鶏むね肉の野菜たっぷりステーキ　61
鶏手羽元と大根の煮物／焼き白菜のひき肉みそがけ　62
野菜たっぷりよだれ鶏／
厚揚げときのこのしょうがじょうゆ炒め　63
えのきのピリ辛つくね／
いかとブロッコリーのバジルガーリック炒め　64
玉ねぎ&にんじん入りさんま缶卵とじ／
豆腐のツナ&玉ねぎあんかけ　65

副菜・作りおき／すぐできる
もやしとハムの中華風ナムル／
きゅうりとひじきの和風サラダ　66
トマトにら玉／豆苗のオイスターソース炒め　67
蒸しなすのごまあえ／ほうれん草どっさりの卵焼き　68
せん切りキャベツとにんじんのみそマヨサラダ／
スライス玉ねぎの青じそおかかのせ　69
しらたきとにんじんのたらこ炒め／
きゅうりの白だしピクルス　70
もやしとにんにくの芽のツナバターじょうゆ炒め／
ゴーヤと小松菜のチャンプルー　71

汁物・作りおき／すぐできる
鶏むね肉のクリームシチュー／
白菜とハムのコンソメスープ　72
もやしとミニトマトの中華風スープ／
豆苗と豆腐のみそ汁　73
丸ごと玉ねぎのトマトスープ／
なすとひき肉のカレー風味スープ　74
キャベツとあさり缶のガーリックスープ／
きのこどっさりチゲ風スープ　75

Column ❷
カット野菜・冷凍野菜で使いきりレシピ
豚しゃぶと蒸し野菜のごまだれかけ　76
えびとサラダ野菜の生春巻き　77
ウインナーと冷凍ミックス野菜のトマトソースペンネ　78

Part.3
野菜モリモリ！主食でワンプレート

ほうれん草入りキーマカレーワンプレート　80
ほうれん草入りキーマカレー／
ほうれん草入りキーマカレーうどん　81

トマト入り豚焼きそばワンプレート　82
トマト入り豚焼きそば／オム野菜焼きそば　83

レタスぎゅうぎゅう卵サンドワンプレート　84
レタスぎゅうぎゅう卵サンド／
きゅうりたっぷりツナサンド　85

主食・作りおき／すぐできる

ハッシュドビーフ　86
具だくさんガパオ風ごはん　87
にんじんとしめじの炊き込みごはん／
根菜の炊き込みピラフ　88
トマトたっぷりリゾット／
もやし＆にら入りハーフ焼きそば　89
野菜たっぷりミートソースパスタ／
えびとアスパラのフジッリ　90
具だくさんサラダそば／
塩もみキャベツとコンビーフのチーズトースト　91

副菜・作りおき／すぐできる

ラタトゥイユ　92
サラダ菜とスプラウトのアボカドシーザーサラダ　93
大きなにんじんのツナのせサラダ／
ブロッコリー入りポテトサラダ　94
塩もみレタスとわかめのおかか＆みょうがのせ／
長いもの納豆＆オクラのせ　95
スナップえんどうとグリーンピースのマリネ／
かぶとかぼちゃの油揚げ入り煮物　96
トマトのマヨポンがけ／
セロリとチンゲン菜のザーサイあえ　97

汁物・作りおき／すぐできる

鶏手羽元と野菜のポトフ／
ささがきごぼうの中華風ピリ辛スープ　98
かぶの梅風味スープ／ひき肉と野菜のチリスープ　99
大根とベーコンの和風スープ／
かぼちゃとにんじんのポタージュ　100
トマトと長ねぎの卵スープ／
玉ねぎとにんじんのコーンスープ　101

Column ❸

野菜の健康スムージー

小松菜＆バナナのスムージー／
トマト＆にんじんのスムージー／
パプリカ＆パイナップルのスムージー　**102**

Part.4
究極のワンプレート！野菜で満足お弁当

3種の野菜の照り焼きチキン弁当　104
3種の野菜の照り焼きチキン　105

焼き野菜のスパイシーバーガーサンド弁当　106
焼き野菜のスパイシーバーガーサンド　107

なすのひき肉はさみフライ弁当　108
なすのひき肉はさみフライ　109

ぶりとたけのこの中華風とろみ炒め弁当　110
ぶりとたけのこの中華風とろみ炒め　111

主菜・作りおき／すぐできる

筑前煮　112
鮭ときのこのレモンバターじょうゆ焼き　113
さばと根菜のみそ煮／豚肉とアスパラの揚げ春巻き　114
ウインナーとキャベツのケチャップ炒め／
豚肉と小松菜のソース炒め　115
れんこんはさみつくね／
ゆで豚とほうれん草のごまみそあえ　116
いかとズッキーニのチリソース風炒め／
もやしのスクランブルエッグ　117

副菜＆汁物・作りおき／すぐできる

春菊のくるみあえ／ブロッコリーとゆで卵のマヨサラダ　118
にんじんとパセリのカレー風味煮／
ミックスきのこののり佃煮あえ　119
かぼちゃのそぼろ煮／彩り野菜のきんぴら　120
パプリカと青じその塩昆布あえ／
鶏団子とチンゲン菜の中華風スープジャー　121
さつまいもとごぼうの甘辛大学いも風／
れんこんとパプリカのピクルス　122
にんじんのトマトクリームスープジャー／
アスパラといんげんのコンソメスープジャー　123

食材別さくいん　**124**

野菜をたっぷり おいしく食べるコツ

緑黄色野菜を1日120g以上、淡色野菜を230g以上とるのが目標とされ、1つの食材に偏ることなく、いろいろな野菜をバランスよくとるのがおすすめです。とはいってもいつも同じ調理法ばかりでは飽きてしまいます。野菜は生で食べるとビタミン類の損失が少なかったり、加熱して食べるとカサが減ってたくさん食べられたりなど、どちらにもメリットがあります。ここでは野菜をたっぷりおいしく食べられるコツをご紹介します。

生で食べる場合

コツ❶ 塩もみしてカサを減らす

たっぷりの生野菜。そのままだと食べづらいときはせん切りにしてから塩もみします。塩もみは浸透圧の関係で余分な水分が出るので、野菜がしんなりしてカサが減り、たくさん食べられます。

コツ❷ 刻んでたれやソースに使う

角切りにしたトマトや粗みじん切りした長ねぎなどに、調味料を混ぜて食べるたれやソースにします。野菜のうまみがプラスされて栄養価もアップします。

コツ❸ 野菜を具材にして巻く

生ハムや生春巻きの皮に細切りにしたパプリカやブロッコリースプラウトをのせて巻きます。野菜にボリュームがあってもペロリと食べられます。反対にレタスなどでゆでた肉を巻くのもおいしいです。

コツ❹ 切るだけ、洗うだけの野菜を常備

ちょっと野菜が足りないときは、トマトやきゅうり、ブロッコリースプラウトなど切るだけ、洗うだけの野菜を活用します。ワンプレートのおかず同士の仕切りにレタスや青じそなどを使うのもおすすめです。

加熱して食べる場合

コツ❶ レンジを活用する

耐熱容器に野菜を入れてレンジ加熱します。少量の場合はゆでるより手間がなく、歯ごたえもちょうどよい食感になります。

コツ❷ 肉だねに混ぜ込む

ひき肉にゆでて細かく切った野菜を混ぜ込んで肉だねにします。ヘルシーかつ野菜嫌いな方でも食べやすくなります。

コツ❸ 蒸し煮にしてスープにする

野菜をやわらかく蒸し煮にしたら、ハンドミキサーやフードプロセッサーでつぶしてスープに。なめらかな口当たりで食べやすくなります。

コツ❹ 蒸し焼きにする

フライパンに野菜を入れてふたをして蒸し焼きに。野菜が大きめのまま蒸せば、甘みがグッと引き出せておいしさがアップします。

コツ❺ とろみをつける

とろみをつけることでどっさりの野菜でもしっとりして食べやすくなります。野菜がちょっと苦手なお子さんにもおすすめです。

コツ❻ 切り方をいろいろと変える

ごぼうならささがきにしたり、にんじんならせん切りにしたりなど、野菜によって切り方を変えるだけで料理になじみやすくなります。

コツ❼ 大量の野菜を巻いて揚げる

薄切り肉でせん切りにしたキャベツを巻いて揚げたりすると、野菜が大量であってもペロリと食べられます。しかもボリュームが出るので、食べごたえもバッチリです。

ライフスタイルに合わせてムリなく続けられる

野菜がカラダにいいとわかっていても、イチからすべてを調理するのは大変です。本書ではたっぷりの野菜がとれる「作りおきおかず」「すぐできるおかず」の両方のレシピを掲載しています。ある日の主菜は作りおいたものを電子レンジで温め直し、副菜も作りおきのものを冷蔵庫から取り出してワンプレートに盛りつけます。あとはスープをさっと煮て添えれば完成。ご自身のライフにスタイルに合わせて、おかずを自由に組み合わせてください。

★本書は野菜たっぷりで食べごたえのあるワンプレートを提案しています。ごはんの量は基本、120ｇで設定しています。ただし、ご自身の年齢や1日の活動量に応じて、ごはんの量を調整してください。

ごはん

すぐできる

もやしとミニトマトの中華風スープ
⇒ p.73

チェンジ

作りおき

たたきごぼうとにんじんのみそ汁
⇒ p.44

作りおき

蒸しなすのごまあえ
⇒ p.68

チェンジ

すぐできる

パプリカと青じその塩昆布あえ
⇒ p.121

作りおき

小松菜入り焼きギョウザ
⇒ p.51

アレンジ

アレンジ

小松菜入り水ギョウザ鍋
⇒ p.51

本書が提案するワンプレートは、実例通りに組み合わせるほかに、例えば主菜は「小松菜入り焼きギョウザ」を「小松菜入り水ギョウザ鍋」にアレンジすることもできます。また、副菜と汁物もそれぞれ別のメニューにチェンジして楽しめるようにおすすめ組み合わせ例を掲載しています。

1/2日分の野菜がとれる!

ワンプレートで１日に必要な野菜の半量をかんたんにおいしくとるために、

パターン❶

基本はおかず2品だけ! かんたん! ワンプレート

主菜＋副菜＋主食

副菜

野菜量 135g

主食

主菜

野菜量 120g

例えば

鶏むね肉と野菜のトマト煮込み

パターン❶の場合

本書の主菜は野菜がたっぷりとれる工夫がいっぱい。
基本は主菜1品と副菜1品のおかず2品に
主食（ごはんやパン）を組み合わせるだけでOK！
これだけで1日に必要な野菜の半量がとれます。

ワンプレート献立の組み立て方

主菜、副菜、汁物、主食をどのように組み合わせるのがよいのかご紹介します。

パターン❷

ちょこちょこ食べられる ヘルシーなワンプレート！

主菜＋副菜＋汁物＋主食

例えば

玉ねぎどっさり豚のしょうが焼き
パターン❷の場合

ちょこちょこといろいろなおかずを食べたい人は
主菜1品に副菜1品と汁物1品を組み合わせるのがおすすめ。
野菜たっぷりの腹持ちのよい汁物に、主食はもち麦ごはん、
抗酸化作用の高い青じそでおかず同士を仕切れば、
栄養のバランスが整ったヘルシーなワンプレートに！

パターン❸

副菜1品を組み合わせれば完成！主菜を兼ねた主食ワンプレート

主食＋副菜 or 汁物

フルーツ

副菜

野菜量 110g

例えば

ほうれん草入りキーマカレー パターン❸の場合

カレーライスやパスタ、サンドイッチなど
主菜を兼ねた主食ワンプレートのときは、
副菜1品または汁物1品を足すだけでOK！
ランチや時間がないときにおすすめです。
オレンジなどのフルーツを添えるのも◎。

主食

野菜量 200g

番外編

お弁当をワンプレートに盛り替え！

例えば

３種の野菜の照り焼きチキン弁当の場合

同じおかずでもお子さんはお弁当にして
パパやママはワンプレートに盛り替えて
ご自宅で楽しむこともできます。

覚えておくとラク！

主な野菜100gの目安量と目安単位

主な野菜100gの目安量と目安単位です。目安量を覚えておくと、1日にどれくらい野菜が食べられたか確認できます。

※本書での野菜の重量は、すべて種や皮などを除いた正味重量（実際に口に入る重さ）で表記しています。ただし、野菜の大きさによってバラつきがありますので、調理する際に調整してください。目安単位は一般的なスーパーなどで購入できる単位を参考にしています。

トマト

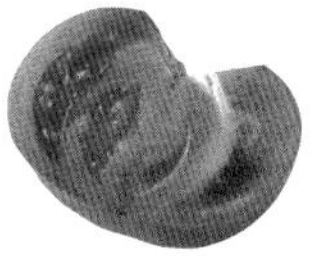

100g

へたを除いて1/2個

1個（150～200g）

にんじん

100g

皮をむいて1/2本

1本（150～200g）

ブロッコリー

100g

小房5～6個

1株（200～300g）

ピーマン

100g

へたと種、わたを除いて3個

1個（約35g）

ほうれん草

100g

4～5株

1把（200～250g）

かぼちゃ

100g

わたと種を除いて
2×3cmの角切り
3～4切れ

1/4個（約300g）

玉ねぎ

100g

皮をむいて1/3個強～
1/2個

1個（200～250g）

きゅうり

100g

両端を切り落として1本

1本（100～120g）

なす

100g

へたを除いて
1～1・1/2個

1個（80～100g）

キャベツ

100g

外葉1～2枚

1個（約1.2kg）

レタス

100g

外葉3～4枚

1個（200～300g）

大根

100g

皮をむいて直径6cm×
長さ4cm

1本（1kg～1.2kg）

ミニトマト…へたを除いて10個（1個10g）
パプリカ…へたとわた、種を除いて2/3個（1個150～200g）
小松菜…2～3株（1把200～250g）
アスパラガス…根元を除いて5本（1本20～25g）
さやいんげん…へたを除いて15本（1本7g）
スナップえんどう…へたと筋を除いて10～12さや（1さや8～10g）
オクラ…へたとがくを除いて8～12本（1本8～12g）
チンゲン菜…根元を切り落として1株（1株70～110g）
水菜…根元を除いて4～5株（1把200g）
ズッキーニ…両端を切り落として1/2本（1本200g）
豆苗…根元を除いて大1パック分（1パック330g）
とうもろこし…実をそぎ落としたもの1/2本分（1本約400g）
もやし…1/2袋（1袋200～250g）
長ねぎ…根元と青い部分を除いて1本（1本120～150g）
白菜…1枚（1/4株500g）
ごぼう…約2/3本（1本150g）
しいたけ…軸を除いて10個（1個10g）
エリンギ…2本（1パック100g）
マッシュルーム…8～10個（1個10～12g）
じゃがいも…皮をむいて2/3～1/2個（1個150～250g）

この本の使い方

高食物繊維・低カロリーのマーク

高食物繊維のマーク…ワンプレートの場合は料理の全量で8.0g以上のもの、主食の場合は6.0以上のもの、主菜・副菜・汁物の場合は4.0g以上のものに高食物繊維のマークをつけています。**低カロリーのマーク**…ワンプレートの場合は料理の全量で500kcal未満のもの、主菜の場合は200kcal未満のもの、副菜・汁物の場合は100kcal未満のもの、主食の場合は350kcal以下ものに低カロリーのマークをつけています。

作りおき

作りおきメニューの主菜、副菜、汁物、主食のバリエーションです。分量は4〜6人分で保存期間は目安です。冷凍に向かないメニューは「冷凍NG」にしています。

すぐできる

すぐできるおかずの主菜、副菜、汁物、主食のバリエーションです。分量は2人分で調理時間は目安です。

野菜量・エネルギー・食物繊維量

1食分の野菜量・エネルギー・食物繊維量を表示。お好みで添えている食材は数値に入れていません。

組み合わせはコレ！

おすすめの組み合わせを提案しています。参考にしてください。

本書の決まり

＊大さじ1は15mℓ、小さじ1は5mℓ、1カップは200mℓです。粉状のものはいずれもすり切りで量ります。「ひとつまみ」は親指、人差し指、中指の3本でつまんだ分量で小さじ1/6～1/5程度、「少々」は親指、人差し指の2本でつまんだ分量で小さじ1/6未満です。

＊特に記載がない場合は、しょうゆは濃口しょうゆ、塩は粗塩、砂糖は上白糖、みそは信州みそ、オリーブ油はエクストラバージンオイル、バターは有塩バター、マヨネーズは全卵タイプを使用しています。マヨネーズはお好みでカロリーハーフに置き替えても大丈夫です。

＊だし汁は昆布、かつお節、煮干しなどでとったものです。市販のインスタントだしを表示に従って溶かしたものやだしパックでも代用できます。

＊本書での野菜の重量は、すべて種や皮などを除いた正味重量（実際に口に入る重さ）で表記しています。食品成分表による分類で「野菜」に含まれる食材のほかに、きのこ類や海藻類、果物（アボカド）など、野菜と似た使い方をする食材は、野菜とみなして計算に入れてきます。野菜量は小数点以下は四捨五入しています。ただし、野菜の大きさによってバラつきがありますので、調理する際にご自身で調整してください。

＊野菜で特に記載がない場合、洗う、皮をむく、へたや種を取り除くなどの下処理をすませた後の手順で説明しています。

＊熱湯や塩ゆで、冷水に使用する水や塩は分量外です。

＊フライパンはフッ素樹脂加工のものを使用しています。

＊電子レンジは600Wで設定しています。500Wの場合は1.2倍、700Wの場合は0.8倍に換算して加熱してください。

＊オーブントースターは1000Wのものを使用しています。

＊電子レンジ、オーブントースター、炊飯器は機種によって加熱具合が異なりますので、様子をみながら各取扱説明書に従って調理してください。

＊火加減で特に記載がない場合は中火ですが、様子をみながら調整してください。

＊エネルギー、食物繊維の数値は、2020年における【日本食品標準成分表2020年版（八訂）のデータ更新（文部科学省科学技術・学術審議会資源調査分科会報告)】をもとに算出しています。

＊保存期間はあくまでも目安です。表示の日数以内でもなるべく早めに食べきるようにしてください。料理を保存する際はしっかり冷まし、清潔な保存袋または保存容器で保存してください。

Part.1

人気おかずで 絶品 ワンプレート

野菜をたっぷり食べるなら、まずはハンバーグ、豚のしょうが焼きなど
子どもから大人まで楽しめる、人気おかずから始めてみませんか？
厳選したレシピは親しみやすい味つけでしかも作りやすいものばかり。
野菜が苦手な人でもパクパク食べられ、
野菜が好きな人はもっともっと好きになります。

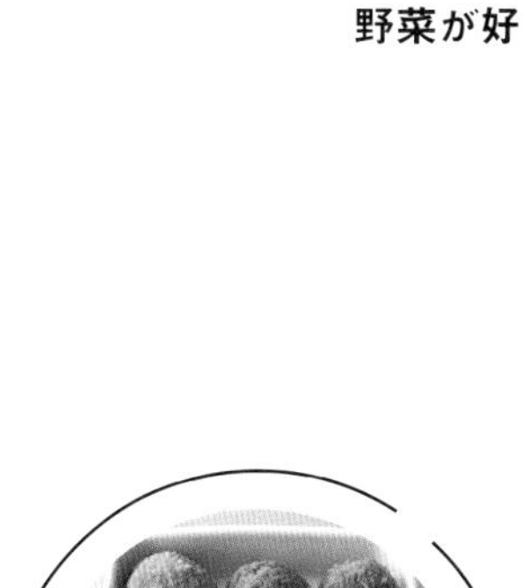

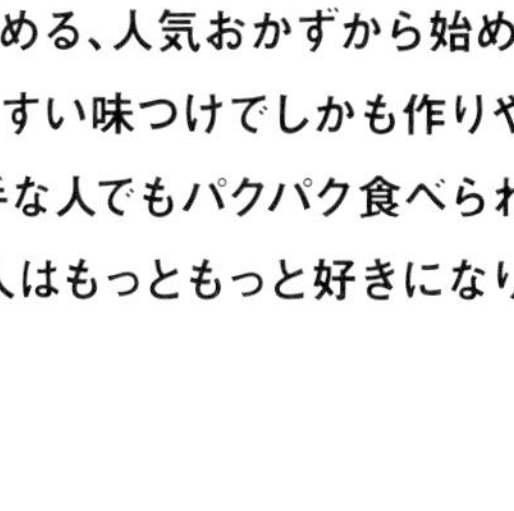

とにかく野菜をとりたいときの最強の組み合わせ！

トマトの煮込みハンバーグワンプレート

すぐできる

海藻とレタスのサラダ⇒ p.37

1 人分

ごはん 120g

作りおき

トマトの煮込みハンバーグ⇒ p.21

1 人分

1食あたり

野菜量	エネルギー	食物繊維量
378g	579kcal	8.0g

高食物繊維

作りおき　トマト４個入り！さわやかな酸味が食欲をそそる♡

☑ 冷蔵２～３日間／冷凍２週間

トマトの煮込みハンバーグ

高食物繊維

材料（4人分）

合いびき肉 …… 360g
トマト …… 小4個(600g)
ズッキーニ …… 小1本(150g)
にんじん …… 小1本(150g)
玉ねぎ …… ⅔個(約140g)

A
- 玉ねぎ(みじん切り) …… ⅓個(約70g)
- 塩 …… 小さじ⅓
- こしょう …… 少々
- パン粉 …… ⅔カップ
- 卵 …… 1個
- 牛乳 …… 大さじ1・½

オリーブ油 …… 小さじ1

B
- 白ワイン …… 大さじ3
- 水 …… ⅓カップ
- にんにく(みじん切り) …… 小さじ1(½かけ)
- 顆粒コンソメスープの素 … 小さじ1・½
- 塩、粗びき黒こしょう …… 各少々

作り方

1. ボウルにひき肉、Aを入れてよく練り合わせ、8等分にして楕円形に形を整える。
2. ズッキーニは1cm厚さの輪切り、にんじんは5mm厚さの輪切り、玉ねぎは1cm幅のくし形切り、トマトはざく切りにする。
3. フライパンにオリーブ油を中火で熱して1を並べ入れ、周りにトマト以外の野菜を入れる。ハンバーグを2分ほど焼いて焼き色がついたら裏返し、同様に2分ほど焼く。
4. 余分な脂をペーパータオルでふき取り、トマト、Bを加えて中火で煮る。沸騰したらふたをして弱火にし、途中1～2度混ぜながら野菜がやわらかくなるまで10分蒸し煮にする。汁けが多ければふたを開けてさらに5分煮て、水分をとばす。

1食あたり

野菜量	エネルギー	食物繊維量
278g	303kcal	4.0g

アレンジ！

たっぷりの生野菜と
ポン酢しょうゆでさっぱり！

大根おろしのせ 和風ハンバーグ

高食物繊維

1食あたり

野菜量	エネルギー	食物繊維量
188g	282kcal	7.2g

※大根おろしは軽く水けをきった後の量

材料（2人分）

トマトの煮込みハンバーグの肉だね(上記参照) …… 半量
水菜 …… 4～5株(100g)
レタス …… ¼個(75g)
にんじん …… ¼本(50g)
大根おろし …… 1カップ(200g)
オリーブ油 …… 小さじ½
ポン酢しょうゆ …… 大さじ2～3

作り方

1. 「トマトの煮込みハンバーグ」を参照して肉だねを作り、２等分にして楕円形に形を整える。
2. フライパンにオリーブ油をひき、1を並べ入れて中火にかける。ふたをして1～2分蒸し焼きにし、フライパンが熱くなってきたら弱火で4分ほど焼く。裏返して同様に4分ほど蒸し焼きにする。
3. レタスは手でちぎり、水菜は4cm長さに切る。にんじんはせん切りにする。
4. 器に3を盛り合わせ、2をのせる。大根おろしは軽く水けをきってのせ、ポン酢しょうゆをかける。

ド定番の和風プレート！　キャベツも根菜も加熱してたっぷり食べます

玉ねぎどっさり豚のしょうが焼きワンプレート

作りおき

たたきごぼうとにんじんのみそ汁⇒ p.44

1 人分

もち麦ごはん　120g

青じそ　2 枚

作りおき

キャベツの梅おかかあえ⇒ p.40

1 人分

すぐできる

玉ねぎどっさり豚のしょうが焼き⇒ p.23

1 人分

1食あたり

野菜量	エネルギー	食物繊維量
270 g	531 kcal	7.7 g

すぐできる　玉ねぎ100gをあっという間にペロリと完食！

玉ねぎどっさり豚のしょうが焼き

10分

材料（2人分）

豚しょうが焼き用肉 … 4〜6枚（160〜200g）
玉ねぎ …… 1個（200g）
薄力粉 …… 適量
サラダ油 …… 小さじ1
A　しょうゆ、酒、みりん …… 各大さじ1
　　砂糖 …… 小さじ1
　　しょうが（すりおろし）…… 大さじ½

作り方

1. 豚肉は筋に切り込みを入れ、薄力粉を薄くまぶす。玉ねぎは薄切りにする。
2. フライパンにサラダ油を中火で熱し、1の豚肉を並べ入れ、周りに玉ねぎも入れる。肉は片面を2分ほど焼き色がつくまで焼き、裏返して同様に焼く。玉ねぎはときどき混ぜるようにして炒める。
3. 余分な脂をペーパータオルでふき取り、混ぜ合わせたAを加えて煮からめる。

1食あたり

野菜量	エネルギー	食物繊維量
100g	280kcal	1.9g

アレンジ！

加熱すれば
カサが減る小松菜は
時短調理におすすめ！

小松菜たっぷり豚のコーンバター焼き

10分

1食あたり

野菜量	エネルギー	食物繊維量
150g	310kcal	3.9g

材料（2人分）

豚しょうが焼き用肉 …… 4〜6枚（160〜200g）
小松菜 …… 1把（200g）
ホールコーン缶 …… ½缶（100g）
薄力粉 …… 適量
サラダ油 …… 小さじ1
A　しょうゆ、酒、みりん …… 各大さじ1
　　バター …… 5g
　　しょうが（すりおろし）…… 大さじ½

作り方

1. 豚肉は筋に切り込みを入れ、薄力粉を薄くまぶす。小松菜は6cm長さに切る。
2. フライパンにサラダ油を中火で熱し、1の豚肉を並べ入れる。焼き色がつくまで片面を2分ほど焼き、裏返して同様に焼く。
3. 2に小松菜、汁けをきったコーンを加えて1〜2分炒める。余分な脂をペーパーでふき取り、Aを加えて煮からめる。

Part.1 人気おかずで絶品ワンプレート

油淋鶏風から揚げのトマトだれワンプレート

作りおき

カリフラワーのマスタードマヨサラダ⇒ p.38

1 人分

ごはん 120g

すぐできる

油淋鶏風から揚げのトマトだれ⇒ p.25

1 人分

すぐできる

オクラのわさび風味スープ⇒ p.45

1 人分

1食あたり

野菜量	エネルギー	食物繊維量
300g	689kcal	12.7g

高食物繊維

すぐできる　野菜は刻んでたれにすればムリなくとれる

油淋鶏風から揚げのトマトだれ

15分

材料（2人分）

- 鶏もも肉……小1枚（250g）
- リーフレタス……3〜4枚（80g）
- かいわれ菜……1パック（80g）
- トマト……小1個（150g）
- 塩、こしょう……各少々
- 片栗粉、サラダ油……各大さじ1
- A
  - 長ねぎ（みじん切り）……½本（50g）
  - しょうが（みじん切り）……½かけ
  - しょうゆ、酢、砂糖……各大さじ1
  - ごま油……小さじ¼
  - ラー油（お好みで）……適量

作り方

1. 鶏肉は厚いところの厚みをそいで6等分に切り、塩、こしょう、片栗粉をまぶす。
2. リーフレタスは手でちぎり、かいわれ菜は根元を切り落とす。トマトは1cm角に切り、**A**と混ぜ合わせておく。
3. フライパンにサラダ油を入れて中火で熱し、1を皮目から入れ、火を少し弱めて3〜4分カリッとするまで揚げ焼きにする。裏返して同様に焼いて火を通し、油をきる。
4. 器にリーフレタス、かいわれ菜を盛り、3をのせ、**A**のたれをかける。

1食あたり

野菜量	エネルギー	食物繊維量
180g	377kcal	3.0g

アレンジ！

脂質の分解を手助けする
大根おろしをのせて！

和風野菜たっぷりの揚げ鶏サラダ

15分

1食あたり

野菜量	エネルギー	食物繊維量
118g	335kcal	5.4g

※大根おろしは軽く水けをきった後の量

材料（2人分）

- 鶏もも肉……小1枚（250g）
- 水菜……2株（50g）
- 青じそ……6枚（6g）
- みょうが……2個（30g）
- 大根おろし……1カップ（200g）
- 塩、こしょう……各少々
- 片栗粉……大さじ1
- サラダ油……大さじ1
- ポン酢しょうゆ……大さじ3

作り方

1. 鶏肉は厚いところの厚みをそいで6等分に切り、塩、こしょう、片栗粉をまぶす。「油淋鶏風から揚げのトマトだれ」を参照して揚げ焼きにする。
2. 水菜は4cm長さに切り、青じそ、みょうがはせん切りにする。
3. 器に水菜を敷いて1を盛り、大根おろしは軽く水けをきってのせる。青じそ、みょうがをのせてポン酢しょうゆをかける。

アンチエイジングが叶う組み合わせ。食べごたえもバッチリ!

ブロッコリーとかぼちゃのグラタンワンプレート

すぐできる

アボカドときゅうりのバジルサラダ⇒ p.39
1人分

丸パン2個（60g）

作りおき

ブロッコリーとかぼちゃのグラタン⇒ p.27
1人分

1食あたり

野菜量	エネルギー	食物繊維量
230g	675kcal	9.2g

高食物繊維

作りおき　鶏肉と緑黄色野菜のコンビで免疫力アップ！

冷蔵2〜3日間／冷凍2週間

ブロッコリーとかぼちゃのグラタン

高食物繊維

材料（4人分）

- 鶏もも肉 …… 小1枚（250g）
- ブロッコリー …… 1株（200〜250g）
- かぼちゃ …… 1/10個（120g）
- 玉ねぎ …… 1個（200g）
- 塩、こしょう …… 各適量
- バター …… 20g
- 薄力粉 …… 40g
- A
  - 牛乳 …… 3カップ
  - 塩 …… 小さじ2/3〜3/4
  - こしょう …… 少々
- 溶けるチーズ …… 100g

1食あたり

野菜量	エネルギー	食物繊維量
130g	386kcal	4.6g

作り方

1. 鶏肉は皮を取って3cm角に切り、強めに塩、こしょうをまぶす。玉ねぎは薄切りにする。
2. かぼちゃは2〜3cm角に切り、ブロッコリーは小房に分け、どちらも耐熱容器に並べる。水大さじ2（分量外）をふってふんわりとラップをかけ、5〜6分加熱して水けをきる。
3. フライパンにバターを中火で熱し、1を入れ、火を少し弱めて4〜5分炒める。薄力粉をふり入れ、焦がさないように全体に粉がなじむように炒める。
4. Aを加え、手早く混ぜて全体をなじませ、その後静かに混ぜながら、とろみがつくまで煮る。2を加えてさらに静かに混ぜる。
5. 耐熱皿に4を4等分にして盛り、チーズをかける。200°Cのオーブントースターで12〜15分焼く。

アレンジ！

野菜が苦手な子どもでも食べやすいカレー味！

ほうれん草のカレーポテトグラタン

冷蔵2〜3日間／冷凍2週間

高食物繊維

1食あたり

野菜量	エネルギー	食物繊維量
100g	405kcal	6.3g

材料（4人分）

- ほうれん草 …… 1把（200g）
- じゃがいも …… 1個（150g）
- 玉ねぎ …… 1個（200g）
- ウインナー …… 6本
- バター …… 20g
- 薄力粉 …… 40g
- A
  - 牛乳 …… 3カップ
  - カレー粉 …… 大さじ1
  - 塩 …… 小さじ2/3〜小さじ1
  - こしょう …… 少々
- 溶けるチーズ …… 100g

作り方

1. じゃがいもは5mm厚さの半月切りまたはいちょう切りにし、耐熱容器に並べる。水大さじ2（分量外）をかけ、ふんわりとラップをかけ、5分ほど加熱して水けをきる。
2. ほうれん草は沸騰した湯（分量外）で40秒〜1分ゆでる。冷水にとり、水けを絞って4cm長さに切る。玉ねぎは薄切りにする。ウインナーは斜め3等分に切る。
3. フライパンにバターを中火で熱し、2の玉ねぎとウインナーを焦がさないように3〜4分混ぜながら炒める。薄力粉をふり入れ、焦がさないように全体に粉がなじむように炒める。
4. Aを加え、手早く混ぜて全体をなじませ、その後静かに混ぜながら、とろみがつくまで煮る。2のほうれん草、1も加え、さらに静かに混ぜる。
5. 耐熱皿に4を4等分にして盛り、チーズをかける。200°Cのオーブントースターで12〜15分焼く。

主菜・作りおき

高食物繊維

1食あたり

野菜量	エネルギー	食物繊維量
113g	311kcal	15.6g

☑ 冷蔵2〜3日間 / 冷凍NG

野菜のうまみが溶け込んで煮汁までおいしい！

野菜たっぷり肉じゃが

材料（4人分）

牛切り落とし肉……200g
じゃがいも……4個（600g）
玉ねぎ……1個（200g）
にんじん……小1本（150g）
さやいんげん……14〜15本（100g）
サラダ油……小さじ1
A だし汁……1・¼カップ
A しょうゆ、みりん、酒……各大さじ2・½
A 砂糖……大さじ1〜1・⅓

作り方

1 じゃがいもは4等分に切り、玉ねぎはくし形切りにしてバラバラにする。にんじんは乱切りにする。さやいんげんは3〜4等分の長さに切る。牛肉は6㎝長さに切る。

2 鍋にサラダ油を中火で熱し、1のさやいんげん以外を入れて3分ほど炒める。油がなじんだら**A**を加え（だし汁は材料がかぶる程度に調節する）、煮立ったらふたをして弱火で10分ほど煮る。途中アクが出てきたらすくって捨てる。

3 さやいんげんを加え、じゃがいもがやわらかくなるまで5分ほど煮て火を止める。

組み合わせはコレ！ カラフル野菜の生ハム巻き（p.41）

高食物繊維

1食あたり

野菜量	エネルギー	食物繊維量
180g	270kcal	4.4g

12分

テンション上がる豪華さなのに、とってもヘルシー！

豚しゃぶでポッサム風野菜巻き

材料（2人分）

豚ロースしゃぶしゃぶ用肉 …… 160〜200g
大根 …… 4cm（100g）
サニーレタス …… ½個（100g）
パプリカ（赤） …… ⅔個（100g）
ブロッコリースプラウト（アルファルファ） …… 1パック（50g）
青じそ …… 10枚（10g）
白菜キムチ …… 100g
塩 …… 少々
寿司酢 …… 大さじ4
コチュジャン …… 適量

作り方

1 大根はせん切りにし、塩をふってもみ込み、水けを絞って寿司酢とあえる。

2 パプリカはせん切りにする。サニーレタスは1枚ずつはがす。ブロッコリースプラウトは根元があれば切り落とす。青じそと一緒に皿に盛り合わせる。

3 沸騰した湯（分量外）に豚肉を入れ、少し火を弱めて肉の色が変わるまで2〜3分ゆでる。水けをきり、汁けをきった1と一緒に盛る。

4 サニーレタスに豚肉、野菜、キムチ、コチュジャン、1の大根の甘酢などをのせて包みながら食べる。

組み合わせはコレ！ たたきごぼうとにんじんのみそ汁（p.44）

主菜・作りおき

高食物繊維

1食あたり

野菜量	エネルギー	食物繊維量
218g	415kcal	4.2g

☑ 冷蔵２～３日間 / 冷凍２週間

蒸し煮でキャベツがやわらかしっとり！巻かないのがラク！

重ねロールキャベツのクリーム煮

材料（4人分）

合いびき肉 …… 350g
キャベツ（できるだけ外葉から）…… 10～12枚（800g）
溶けるチーズ …… 60g

A
玉ねぎ（みじん切り）…… ⅓個（70g）
パン粉 …… ½カップ
塩 …… 小さじ⅓
こしょう …… 少々
卵 …… 1個

B
酒 …… 大さじ2
水 …… 1・½カップ
顆粒コンソメスープの素 …… 小さじ2

C
生クリーム、牛乳 …… 各¼カップ
塩 …… 少々

作り方

1. ボウルにひき肉、**A**を入れてよく練り合わせる。
2. 深めのフライパンまたは直径22㎝程度の鍋に、キャベツの葉を2～3枚敷き、1、チーズ、キャベツの葉の順に3層になるように重ねていく。最後は大きめのキャベツの葉でふたをし、手で形を整えるようにしっかりと押さえる。
3. 2に**B**を加えて中火にかけ、沸騰したら弱火にしてふたをし、30分ほどキャベツがやわらかくなるまで蒸し煮にする（途中水分が足りなくなったら水½カップ足す）。
4. 3に**C**を加えて温め、火を止める。粗熱がとれたら切り分ける。食べるときにお好みでパセリのみじん切り、粗びき黒こしょうなどをふる。

組み合わせはコレ！／パプリカと青じその塩昆布あえ（p.121）

10分

1食あたり		
野菜量	エネルギー	食物繊維量
165g	313kcal	3.4g

肉も野菜もすべて細切り。調味料がからみやすく食べやすい

カラフルチンジャオロースー

材料（2人分）

牛もも薄切り肉……150g
ピーマン……4個（140g）
パプリカ（赤）……1個（150g）
たけのこ水煮……40g
塩、こしょう……各少々
ごま油……大さじ½

A
オイスターソース……大さじ1・½
酒、水……各大さじ1
鶏ガラスープの素……小さじ⅔
しょうゆ……小さじ½
にんにく（すりおろし）……小さじ⅓
片栗粉……小さじ1

作り方

1 牛肉は1cm幅の細切りにし、塩、こしょうをまぶす。ピーマン、パプリカ、たけのこは5mm幅の細切りにする。

2 フライパンにごま油を中火で熱し、1の牛肉をほぐすように炒める。肉の色が変わったら、たけのこを加えて炒め、パプリカ、ピーマンも加えて2分ほど炒め合わせる。

3 混ぜ合わせたAを加え、中火で炒め合わせる。

組み合わせはコレ！／もやしとミニトマトの中華風スープ（p.73）

1食あたり

野菜量	エネルギー	食物繊維量
100g	436kcal	2.6g

☑ 冷蔵2～3日間／冷凍NG

大量のせん切りキャベツは塩もみすれば巻きやすい！

キャベツ巻きとんかつ

材料（4人分・8個分）

豚もも薄切り肉……16枚（約300g）
キャベツ……⅓個（400g）
塩、こしょう……各少々
薄力粉、溶き卵、パン粉、揚げ油……各適量
ソース、レモン……各適量

作り方

1 キャベツはせん切りにし、塩小さじ⅔（分量外）をまぶして5分おき、ペーパータオルに包んで水けをしっかりと絞る。

2 豚肉を広げて2枚1組にし、1を⅛量ずつのせて巻き、両端を肉でとじるようにして手でしっかりと巻き終わりをとめる。塩、こしょうをふり、薄力粉、溶き卵、パン粉の順につける。

3 170℃に熱した揚げ油で2を7～8分、途中上下を返しながら揚げ、油をよくきる。食べるときにソース、レモンなどを添える。

組み合わせはコレ！／ブロッコリーのガーリックスープ（p.43）

1食あたり

野菜量	エネルギー	食物繊維量
119g	257kcal	2.8g

☑ 冷蔵2～3日間／冷凍2週間

とろみあんなら野菜をモリモリ食べられる

鶏と野菜の甘酢炒め

材料（4人分）

鶏もも肉……大1枚（350g）
パプリカ（黄）……1個（150g）
ピーマン……3個（100g）
玉ねぎ……⅓個（約70g）
しいたけ……8個（80g）
にんじん……小½本（75g）
薄力粉……適量
ごま油……大さじ1
A しょうゆ、酒、砂糖、酢……各大さじ2
　水……大さじ1
　片栗粉……小さじ1

作り方

1 鶏肉は肉からはみ出ている余分な皮と脂を除き、5cm角に切り、薄力粉をまぶす。

2 パプリカ、ピーマン、しいたけは乱切り、玉ねぎは1cm幅のくし形切りにする。にんじんは乱切りにして耐熱容器に入れ、水大さじ2（分量外）をふる。ふんわりとラップをかけ、電子レンジで2分～2分30秒加熱し、水けをきる。

3 フライパンにごま油を中火で熱し、1を皮目から並べ入れ、空いているところに2を入れる。ふたをして3～4分、ときどき野菜を炒めながら焼く。肉の上下を返してふたをし、さらに3～4分同様に焼く。

4 混ぜ合わせたAを加え、中火で煮からめる。

組み合わせはコレ！／キャベツとあさり缶のガーリックスープ（p.75）

高食物繊維

12分

1食あたり		
野菜量	エネルギー	食物繊維量
150g	422kcal	6.7g

植物性たんぱく質も食物繊維もとれちゃう！

豚と緑の豆のレモンクリーム煮

材料（2人分）

豚しょうが焼き用肉…160g
玉ねぎ…………½個（100g）
スナップえんどう
…………10〜12さや（100g）
グリーンピース（冷凍）
………………1カップ（100g）
塩、こしょう………各少々
薄力粉…………………適量
オリーブ油……小さじ1
レモン汁………大さじ½
白ワイン………大さじ2
A
生クリーム、牛乳
…………各¼カップ
塩、こしょう
………………各少々

作り方

1. 玉ねぎは薄切りにする。スナップえんどうは筋とへたを取る。豚肉に塩、こしょう、薄力粉をまぶす。
2. フライパンにオリーブ油を中火で熱し、1の豚肉を並べ入れ、周りに玉ねぎ、スナップえんどうも入れる。ふたをして豚肉に焼き色がつくまで1〜2分蒸し焼きにし、野菜を軽く混ぜる。肉の上下を返して同様に1〜2分蒸し焼きにする。
3. グリーンピース、レモン汁を加え、白ワインも加えたら一度沸騰させ、Aを加えて静かに混ぜながら2〜3分煮る。

組み合わせはコレ！／れんこんとパプリカのピクルス（p.122）

15分

1食あたり		
野菜量	エネルギー	食物繊維量
140g	327kcal	3.5g

2種類のきのこでうまみたっぷりのソースに

ポークソテー きのこソース

材料（2人分）

豚ロースとんかつ用肉…2枚
玉ねぎ……………½個（100g）
マッシュルーム…8〜10個（100g）
まいたけ……小1パック（80g）
にんにく（みじん切り）…2かけ
塩、こしょう…………各少々
オリーブ油………小さじ1
A
酒……………大さじ2
しょうゆ…大さじ1・½
みりん………大さじ½
ウスターソース
………………小さじ1

作り方

1. 豚肉は筋の部分に切り込みを数か所か入れ、両面に塩、こしょうをふる。
2. 玉ねぎは薄切り、マッシュルームは5㎜幅の薄切り、まいたけは手でほぐす。
3. フライパンにオリーブ油を中火で熱し、1を盛りつける面を下にして並べ入れ、ふたをして弱火で3分ほど焼き色がつくまで焼く。裏返してふたをして同様に火が通るまで3分ほど焼き、器に盛る。
4. 3のフライパンに2、にんにくを入れ、中火で3〜4分炒める。Aを加えて煮からめ、3の肉にかける。お好みでパセリのみじん切りをふる。

組み合わせはコレ！／ブロッコリーの明太マヨあえ（p.41）

1食あたり

野菜量	エネルギー	食物繊維量
138g	215kcal	3.4g

冷蔵2〜3日間
冷凍NG

1食あたり

野菜量	エネルギー	食物繊維量
118g	259kcal	2.5g

冷蔵2〜3日間
冷凍NG

美容効果のあるミニトマト入り！

麻婆トマトなす

材料（4人分）

豚ひき肉 …………… 200g
なす ……… 4〜5本（400g）
ミニトマト … 10個（100g）
長ねぎ ………… ½本（50g）
ごま油 …………… 大さじ2

A
酒 ………… 大さじ1・½
みそ ……… 大さじ1・⅓
しょうゆ、豆板醤、砂糖、しょうが（すりおろし）、鶏ガラスープの素 …………… 各大さじ½
水 ……………… 1カップ

水溶き片栗粉
片栗粉 ……… 小さじ2
水 ………… 大さじ1・½

作り方

1 なすは乱切り、長ねぎはみじん切りにする。ミニトマトはへたを取る。

2 フライパンにごま油を中火で熱し、ひき肉を炒める。色が変わってきたら1のなすと長ねぎを加え、炒め合わせる。

3 なすに火が通ったら、混ぜ合わせたAを加え、沸騰したら水溶き片栗粉を少しずつ加えて混ぜ、とろみをつける。ミニトマトを加えて1分ほど軽く混ぜながら煮て火を止める。

組み合わせはコレ！ 魚介と白菜の中華風スープ（p.45）

野菜はせん切りにするとたっぷり食べられる

鮭と彩り野菜の南蛮漬け

材料（4人分）

生鮭（切り身） ………… 4切れ
玉ねぎ ……… 小1個（150g）
にんじん …… 小1本（150g）
ピーマン ………… 2個（70g）
パプリカ（黄） …… ⅔個（100g）
塩、こしょう ……… 各少々
薄力粉 ……………… 大さじ1
サラダ油 ………… 大さじ2

A
酢、砂糖 …… 各大さじ5
しょうゆ … 大さじ4弱
塩 ……………… 小さじ½
赤唐辛子（輪切り） …………… 1〜2つまみ
だし汁 ……… ½カップ

作り方

1 玉ねぎは薄切りにして水に5分さらし、水けをよくきる。にんじん、ピーマン、パプリカはせん切りにする。

2 鮭は1切れを3〜4等分に切る。ペーパータオルで水けをしっかりと押さえ、塩、こしょう、薄力粉の順にまぶす。

3 フライパンにサラダ油を中火で熱し、2を入れて片面を2〜3分ずつ焼き、余分な油をペーパータオルでふき取る。

4 1を加えて30秒〜1分炒め、混ぜ合わせたAを加えて火を止める。耐熱の保存容器に移して冷ます。

組み合わせはコレ！ 野菜たっぷり豚汁（p.44）

高食物繊維　低カロリー

1食あたり　12分

野菜量	エネルギー	食物繊維量
125g	133kcal	5.1g

食物繊維が豊富なマッシュルームもたっぷり！

えびとブロッコリーのガリバタ炒め

材料（2人分）

むきえび……160g
ブロッコリー……⅔株（150g）
マッシュルーム……8〜10個（100g）
にんにく（みじん切り）……2かけ
塩、粗びき黒こしょう……各適量
バター……8g
白ワイン……大さじ1

作り方

1. えびは背わたを取り、塩（分量外）でもんで洗って水けをふく。塩、粗びき黒こしょうをまぶす。
2. ブロッコリーは小房に分けて耐熱容器に並べ、水大さじ2（分量外）をふる。ふんわりとラップをかけ、電子レンジで2〜3分加熱し、水けをきる。マッシュルームは5mm厚さの薄切りにする。
3. フライパンにバターの半量を中火で温め、マッシュルーム、1を3〜4分炒める。白ワインを加え、沸騰したら残りのバター、にんにく、ブロッコリーを加えて2分ほど炒める。塩、粗びき黒こしょう各少々（分量外）で味をととのえる。

組み合わせはコレ！　トマトたっぷりミネストローネ（p.42）

低カロリー

1食あたり　12分

野菜量	エネルギー	食物繊維量
153g	164kcal	2.6g

市販のカット野菜を代用してもOK！

薬味たっぷりかつおのたたき

材料（2人分）

かつおのたたき（さくまたはカットタイプ）……150g
レタス……4枚（120g）
玉ねぎ（あれば新玉ねぎ）……½個（100g）
かいわれ菜……小1パック（50〜60g）
みょうが……2個（30g）
青じそ……6枚（6g）
しょうが（すりおろし）……小さじ½〜1
ポン酢しょうゆ……大さじ2〜4

作り方

1. 玉ねぎは薄切りにし、水に5〜10分さらし、水けをしっかりと絞る。みようがと青じそはそれぞれせん切りにし、水にさっとさらして水けを絞る。レタスは1cm幅に切る。かいわれ菜は根元を切り落とす。
2. かつおはさくの場合、8mm〜1cm厚さに切る。
3. 器にレタス、かいわれ菜、2、しょうが、玉ねぎ、みょうが、青じその順に盛り合わせ、食べるときにポン酢しょうゆ、お好みでマヨネーズをかける。

組み合わせはコレ！　ほうれん草どっさりの卵焼き（p.68）＋
野菜たっぷり豚汁（p.44）

高食物繊維

1食あたり

野菜量	エネルギー	食物繊維量
178g	152kcal	5.1g

冷蔵2～3日間
冷凍NG

高食物繊維　低カロリー

1食あたり

野菜量	エネルギー	食物繊維量
120g	92kcal	4.7g

冷蔵2～3日間
冷凍NG

せん切りしょうが入りでさっぱりして食べやすい

カラフル野菜の焼きびたし

材料（4人分）

なす……………3本（240g）
パプリカ（赤）…1個（150g）
オクラ…10～12本（100g）
長ねぎ…………1本（100g）
かぼちゃ……⅒個（120g）
しょうが（せん切り）
……………………½かけ
サラダ油……大さじ1・½
A
だし汁……1カップ
しょうゆ……大さじ3
酢、砂糖……各大さじ4
塩……小さじ⅔～1
赤唐辛子（輪切り）
……………ふたつまみ

作り方

1 なすは縦4～6等分に切る。パプリカは1.5cm幅の細切りにする。オクラはガクをくるりとむく。長ねぎは4cm長さに切る。かぼちゃは5～8mm厚さのくし形切りにし、長さを半分にする。

2 フライパンにサラダ油を中火で熱し、1の野菜を並べ入れる。弱火にしてふたをし、途中上下を返しながら蒸し焼きにし、火が通った野菜から耐熱の保存容器に取り出す。

3 2のフライパンをさっとふき、A、しょうがを入れて中火で煮立て、2の容器に注ぐ。粗熱がとれたら冷蔵庫で1時間以上冷やす。

組み合わせはコレ！ えのきのピリ辛つくね（p.64）

ほうれん草の代わりに小松菜や春菊でも

野菜としいたけの白あえ

材料（4人分）

ほうれん草…小2把（300g）
絹ごし豆腐……1丁（300g）
にんじん………½本（100g）
しいたけ…………8個（80g）
A
すりごま（白）…大さじ2
しょうゆ………大さじ1
顆粒和風だし…小さじ⅔
砂糖……………小さじ½
塩……………………少々

作り方

1 耐熱容器に豆腐をのせてふんわりとラップをかけ、電子レンジで3分30秒～4分加熱する。粗熱がとれたらペーパータオルで包み、水けをしっかりと絞る。

2 ほうれん草は沸騰した湯（分量外）で40秒ほどゆでる。冷水にとって水けを絞り、4cm長さに切る。にんじんは4cm長さの細切りにし、同じ湯で40秒～1分ゆで、水けをきる。しいたけは石づきを取り、同じ湯で1分ほどゆで、ペーパータオルで水けを押さえて8mm幅の薄切りにする。

3 ボウルに1を入れてゴムベラでなめらかになるまでつぶし、Aを混ぜてから2を加えてあえる。

組み合わせはコレ！ もやし＆玉ねぎ入り豚のすき焼き風煮（p.57）

低カロリー

10分

1食あたり

野菜量	エネルギー	食物繊維量
100g	89kcal	2.2g

10分

1食あたり

野菜量	エネルギー	食物繊維量
110g	116kcal	1.4g

にんじんドレッシングでワンランクアップ!

海藻とレタスのサラダ

材料(2人分)

海藻ミックス(乾燥)……2〜3g
レタス……4〜5枚(140g)
ホールコーン缶……⅕缶(40g)
A
にんじん(すりおろし)……大さじ1・½(20g)
オリーブ油……大さじ1
白ワインビネガー(または酢)……大さじ1
水……大さじ½
塩……小さじ⅕
フレンチマスタード(あれば)……小さじ1
こしょう……少々

作り方

1 海藻ミックスは表示時間通りに水につけてもどし、水けをしっかりときる。レタスは手でちぎる。

2 器に1、汁けをきったコーンを盛り合わせ、混ぜ合わせたAをかける。

組み合わせはコレ! さばと根菜のみそ煮(p.114)

切って焼くだけだから超かんたん!

トマトとズッキーニのチーズ焼き

材料(2人分)

ズッキーニ……大½本(120g)
トマト……½個(100g)
溶けるチーズ……50g
塩……少々

作り方

1 ズッキーニは8㎜厚さの輪切りにする。トマトは1㎝厚さの輪切りにする。

2 耐熱皿にズッキーニを並べ、ふんわりとラップをかけて電子レンジで2分ほど加熱して、水けがあればふく。

3 2のズッキーニ、トマトを交互に並べて塩をふり、チーズをのせる。200°Cのオーブントースターでチーズが溶けるまで5分焼き、お好みで粗びき黒こしょうをふる。

組み合わせはコレ! えびとブロッコリーのガリバタ炒め(p.35)

副菜・作りおき

高食物繊維

1食あたり

野菜量	エネルギー	食物繊維量
108g	217kcal	4.0g

☑ 冷蔵 2～3日間
冷凍 NG

抗酸化作用の高いくるみ入りで食感も楽しい！

かぼちゃといんげんのサラダ

材料 (4人分)

かぼちゃ ……… ¼個(300g)
玉ねぎ ………… ⅓個(約70g)
さやいんげん
………………… 7～8本(60g)
くるみ(無塩・素焼き) …. 40g

A
マヨネーズ ….. 大さじ3
プレーンヨーグルト
……………… 大さじ1
塩 …………… 小さじ¼
こしょう ………. 少々

作り方

1 かぼちゃは3cm角に切る。さやいんげんは3～4cm長さに斜め切りにする。玉ねぎは薄切りにする。くるみは包丁で粗く刻む。

2 鍋にかぼちゃ、かぶるくらいの水(分量外)を入れて中火にかける。煮立ったら5分ほどゆで、さやいんげんを加えてさらに5分ほどゆで、水けをきる。かぼちゃが熱いうちに粒が残る程度につぶす。

3 玉ねぎはラップに包み、電子レンジで30～40秒加熱し、冷水にとって水けを絞る。

4 混ぜ合わせたAで2、3、くるみをあえる。

組み合わせはコレ！ 豆腐のツナ&玉ねぎあんかけ(p.65)

高食物繊維 低カロリー

1食あたり

野菜量	エネルギー	食物繊維量
50g	88kcal	4.8g

☑ 冷蔵 2～3日間
冷凍 NG

低糖質でむくみ予防にもぴったり！

カリフラワーのマスタードマヨサラダ

材料 (4人分)

カリフラワー ……………………… 1株(200g)
じゃがいも ………………………… 1個(150g)
A
マヨネーズ、プレーンヨーグルト ……. 各大さじ2
マスタード ……………………………… 小さじ2
塩 ………………………………………… 小さじ⅙
こしょう ………………………………… 少々

作り方

1 カリフラワーは小房に分ける。沸騰した湯(分量外)で3～4分ゆで、水けをきる。

2 じゃがいもは4等分に切り、かぶるくらいの水と一緒に鍋に入れる。中火にかけ、15分ほどやわらかくなるまでゆで、水けをきる。

3 2が熱いうちに粗くつぶし、1と混ぜ、混ぜ合わせたAであえる。

組み合わせはコレ！ トマトたっぷりリゾット(p.89)

5分

1食あたり

野菜量	エネルギー	食物繊維量
100g	116kcal	3.0g

さわやかなバジルたっぷりで香り豊か♫

アボカドときゅうりのバジルサラダ

材料（2人分）

アボカド …… 小1個（80g）
きゅうり …… 大1本（120g）
バジルの葉 …… 6〜8枚
（またはドライバジル　小さじ½）
レモン汁 …… 大さじ½
A　オリーブ油 …… 小さじ2
A　塩、粗びき黒こしょう …… 各少々

作り方

1. アボカドは1.5〜2cm角に切り、レモン汁をかける。きゅうりは乱切りにする。バジルの葉は手でちぎる。
2. 混ぜ合わせたAで1をあえる。

組み合わせはコレ！　厚揚げときのこのしょうがじょうゆ炒め（p.63）

8分

1食あたり

野菜量	エネルギー	食物繊維量
100g	123kcal	1.8g

くずした黄身と粉チーズをからめて食べて

焼きアスパラの温玉ソース

材料（2人分）

アスパラガス …… 8〜10本（約200g）
温泉卵 …… 1個
バター …… 10g
塩、粗びき黒こしょう …… 各適量
粉チーズ …… 大さじ2

作り方

1. アスパラガスは根元のかたい皮⅓程度をピーラーで薄くむき、長ければ長さを半分にする。
2. フライパンにバターを弱火で熱し、1を入れてふたをし、ときどき転がしながら3分ほど焼く。塩をふり、全体にからめる。
3. 器に2を盛り、温泉卵をのせ、全体に塩をふる。粉チーズ、粗びき黒こしょうをかける。

組み合わせはコレ！　塩もみキャベツとコンビーフのチーズトースト（p.91）

低カロリー

1食あたり

野菜量	エネルギー	食物繊維量
100g	89kcal	3.7g

☑ 冷蔵 2～3日間
冷凍 NG

油揚げでコクをプラス

ほうれん草のごまあえ

材料（4人分）

- ほうれん草 ……… 2把（400g）
- 油揚げ ……………………… 1枚
- A
  - すりごま（白）…… 大さじ4
  - しょうゆ ……… 小さじ2
  - 砂糖 ……………… 小さじ1
  - 塩 ………………… 小さじ¼
  - 顆粒和風だし …… 小さじ½

作り方

1. ほうれん草は沸騰した湯（分量外）で40秒ほどゆで、水にとり、軽く水けを絞って5～6cm長さに切る。
2. 油揚げは幅を2等分にしてから5mm幅の短冊切りにする。1と同じ湯でさっとゆで、冷水にとって水けを絞る。
3. 混ぜ合わせたAで1、2をあえる。

組み合わせはコレ！ キャベツとにらの豚キムチ炒め（p.59）

低カロリー

1食あたり

野菜量	エネルギー	食物繊維量
100g	28kcal	2.0g

☑ 冷蔵 2～3日間
冷凍 NG

火を使わないからラク！

キャベツの梅おかかあえ

材料（4人分）

- キャベツ ………… ⅓個（400g）
- 梅干し ………… 3個（正味30g）
- A
  - しょうゆ ……… 小さじ1
  - 砂糖 ……………… 小さじ¼
  - 顆粒和風だし … 小さじ⅓
  - かつお節 … 1パック（3g）

作り方

1. キャベツはせん切りにして耐熱容器に入れ、ふんわりとラップをする。電子レンジで4分ほど加熱する。粗熱がとれたらペーパータオルに包んで水けを絞る。
2. 梅干しは種を除いて包丁で粗く刻む。
3. 混ぜ合わせたAで1、2をあえる。

組み合わせはコレ！ 鶏むね肉の野菜たっぷりステーキ（p.61）

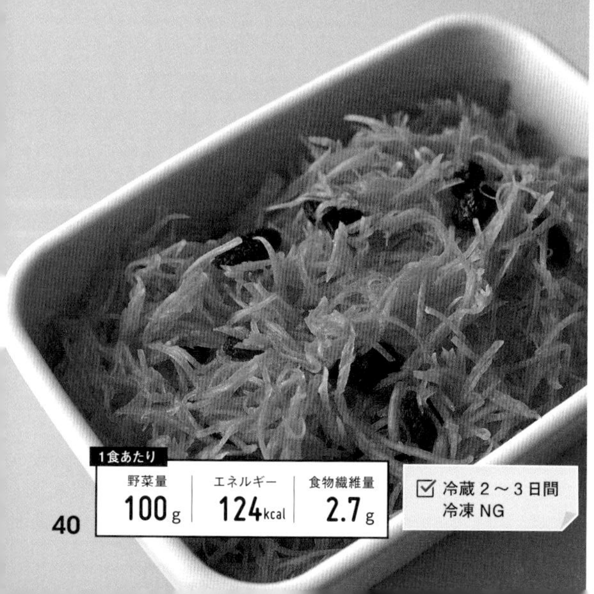

1食あたり

野菜量	エネルギー	食物繊維量
100g	124kcal	2.7g

☑ 冷蔵 2～3日間
冷凍 NG

くるみなどのナッツを入れても♫

キャロットラペ

材料（4人分）

- にんじん ………… 2本（400g）
- レーズン …………… 大さじ4
- A
  - オリーブ油 ………… 大さじ2・½～3
  - レモン汁（または酢） …………………… 小さじ2
  - 塩 ………… 小さじ⅓～½

作り方

1. にんじんはせん切りスライサーなどで細切りにする。
2. 混ぜ合わせたAで1、レーズンをあえる。

組み合わせはコレ！ 鶏むね肉のクリームシチュー（p.72）

普通のトマトでもおいしく作れます

ミニトマトのカプレーゼ風

材料（2人分）

ミニトマト……20個（200g）
モッツァレラチーズ……70g
バジルの葉……6〜8枚
（なければドライバジル…小さじ½）
A オリーブ油…大さじ1・½
塩……小さじ¼
粗びき黒こしょう　少々

作り方

1. ミニトマトは縦半分に切る。バジルは手でちぎる。
2. モッツァレラチーズはペーパータオルで水けをしっかりとふき、1.5〜2cm角に切る。
3. 混ぜ合わせたAで1、2をあえる。

組み合わせはコレ！　ほうれん草入りキーマカレー（p.81）

5分

1食あたり

野菜量	エネルギー	食物繊維量
100g	206kcal	1.5g

ちょい足しのしょうゆがおいしさのヒミツ

ブロッコリーの明太マヨあえ

材料（2人分）

ブロッコリー……1株（200g）
A 辛子明太子（薄皮から出してほぐす）…30g
マヨネーズ……大さじ2
しょうゆ……小さじ⅓

作り方

1. ブロッコリーは小房に分ける。沸騰した湯（分量外）で3分ほどゆで、水けをよくきる。
2. 混ぜ合わせたAで1をあえる。

組み合わせはコレ！　鶏手羽元と大根の煮物（p.62）

高食物繊維

6分

1食あたり

野菜量	エネルギー	食物繊維量
100g	136kcal	5.1g

巻くだけなのにおしゃれで栄養もたっぷり！

カラフル野菜の生ハム巻き

材料（2人分・6個分）

パプリカ（赤、黄）
……各½個（計150g）
ブロッコリースプラウト（アルファルファ）……1パック（50g）
生ハム……12枚（70g）
マヨネーズ……適量

作り方

1. パプリカは細切りにする。生ハムは2枚を少しずらして重ね、貼り付ける。
2. 1のパプリカ、ブロッコリースプラウトを生ハムで巻く。全部で6個作る。
3. 器に2を並べ、マヨネーズをかける。

組み合わせはコレ！　アスパラとえびのフジッリ（p.90）

8分

1食あたり

野菜量	エネルギー	食物繊維量
100g	137kcal	1.5g

汁物・作りおき

1食あたり

野菜量	エネルギー	食物繊維量
100g	185kcal	2.6g

☑ 冷蔵2日間
冷凍2週間

高食物繊維

1食あたり

野菜量	エネルギー	食物繊維量
250g	129kcal	4.7g

☑ 冷蔵2〜3日間
冷凍2週間

夏は冷たくして食べてもおいしい

コーンポタージュ

材料（4人分）

とうもろこし……2本（正味300g）
（またはホールコーン缶 300g）
玉ねぎ……½個（100g）
バター……10g
A ｜水……1カップ
　｜顆粒コンソメスープの素……小さじ1・½
B ｜牛乳……1・¼カップ
　｜生クリーム……¼カップ
　｜塩……少々

作り方

1. とうもろこしは実を包丁などでそいでほぐす。玉ねぎは薄切りにする。
2. 鍋にバターを弱めの中火で熱し、1を4分ほど炒める。Aを加えて中火にし、沸騰したら弱火にしてふたをし、玉ねぎがへらで簡単につぶれるくらいまで10分ほど煮る。
3. フードプロセッサーやハンドミキサーで2を少し粒が残る程度に撹拌する。Bを加えて混ぜ、温める。

組み合わせはコレ！　野菜としめじのふわふわオムレツ（p.55）

美と健康を作る具だくさんスープ！

トマトたっぷりミネストローネ

材料（4人分）

トマト……4個（800g）
玉ねぎ……½個（100g）
キャベツ……1〜2枚（100g）
にんにく（みじん切り）……2かけ
スライスベーコン……2枚
大豆水煮……100g
オリーブ油……小さじ2
A ｜水……1カップ
　｜顆粒コンソメスープの素……小さじ2
　｜塩……少々
粉チーズ、粗びき黒こしょう……各適量

作り方

1. トマトはざく切りにする。玉ねぎは1cm角、キャベツは2cm角に切る。ベーコンは1cm幅に切る。
2. 鍋にオリーブ油とトマト以外の1、にんにくを入れて中火で熱し、4分ほど炒める。トマト、Aを加えて混ぜながら一度中火で沸騰させ、弱火でふたをして8分ほど煮る。
3. 大豆も加えてさらに5分ほど煮る。食べるときに粉チーズ、粗びき黒こしょうをふる。

組み合わせはコレ！　レタスぎゅうぎゅう卵サンド（p.85）

高食物繊維　低カロリー

8分

1食あたり		
野菜量	エネルギー	食物繊維量
140g	104kcal	3.1g

シャキシャキえのき入りで食べごたえあり

チンゲン菜と桜えびの豆乳スープ

材料（2人分）

- チンゲン菜 …… 2株（200g）
- えのきたけ …… 小1パック（80g）
- にんにく（みじん切り） …… 1かけ
- 桜えび（乾燥） …… 5g
- ごま油 …… 小さじ1
- A
  - 水 …… 1カップ
  - オイスターソース …… 大さじ1
  - 鶏ガラスープの素 …… 小さじ2
  - 塩、こしょう …… 各少々
- 無調整豆乳 …… ¾カップ
- ラー油 …… 適量

作り方

1. チンゲン菜は4cm長さに切る。えのきたけは根元を切り落とし、長さを2〜3等分に切る。
2. 鍋にごま油を中火で熱し、にんにく、えのきたけを1分ほど炒める。香りが出たらAを加え、沸騰したら桜えび、チンゲン菜を加えてひと煮する。
3. 豆乳を加えて煮立たせない程度に温め、火を止める。器に盛り、ラー油をかける。

組み合わせはコレ！　麻婆トマトなす （p.34）

6分

1食あたり		
野菜量	エネルギー	食物繊維量
100g	44kcal	5.3g

お好みで溶けるチーズを熱いうちにのせても

ブロッコリーのガーリックスープ

材料（2人分）

- ブロッコリー …… 1株（200g）
- にんにく（薄切り） …… 1かけ
- A
  - 水 …… 2カップ
  - 顆粒コンソメスープの素 …… 小さじ1
  - 塩 …… 少々
- 粗びき黒こしょう …… 少々

作り方

1. ブロッコリーは小房に分ける。
2. 鍋ににんにく、Aを入れて中火にかけ、沸騰したら1を加えて3分ほど煮る。
3. 器に盛り、粗びき黒こしょうをかける。

組み合わせはコレ！　ポークソテー きのこソース （p.33）

低カロリー

1食あたり		
野菜量	エネルギー	食物繊維量
70g	43kcal	2.8g

☑ 冷蔵3日間
冷凍NG

食物繊維と発酵食品で腸内環境を整える

たたきごぼうとにんじんのみそ汁

材料（4人分）

- ごぼう …… ⅔本（100g）
- にんじん …… ½本（120g）
- さやいんげん …… 7〜8本（60g）
- だし汁 …… 3・½カップ
- みそ …… 大さじ1・½〜2

作り方

1 ごぼうは皮をこそげてめん棒で軽くたたき、5cm長さに切って太さを2〜4等分に切る。にんじんは5cm長さの短冊切りにする。さやいんげんは3〜4等分に切る。

2 鍋にだし汁、1のごぼうとにんじんを入れて中火にかけ、煮立ったら弱火にしてふたをし、10分ほど煮る。

3 2にさやいんげんを加えて5〜6分煮たら、みそを溶き入れて火を止める。

組み合わせはコレ！ 小松菜たっぷり豚のコーンバター焼き（p.23）

1食あたり		
野菜量	エネルギー	食物繊維量
138g	143kcal	2.9g

☑ 冷蔵3日間
冷凍NG

カサが減る汁物は野菜不足解消にぴったり！

野菜たっぷり豚汁

材料（4人分）

- 豚ロース薄切り肉 …… 150g
- 白菜 …… 2枚（200g）
- 大根 …… 4cm（100g）
- 長ねぎ …… 1本（100g）
- 里いも …… 2個（100g）
- にんじん …… ¼本（50g）
- A
  - だし汁 …… 3・¾カップ
  - 酒 …… 大さじ½
  - しょうが（すりおろし） …… 小さじ½
- みそ …… 大さじ1・⅔〜2

作り方

1 白菜はざく切り、にんじん、大根はいちょう切りにする。里いもは1cm厚さの輪切りまたは半月切りにする。長ねぎは5mm厚さの小口切りにする。豚肉は4cm長さに切る。

2 鍋に1、Aを入れて中火にかけ、沸騰したらアクをすくう。弱火にしてふたをし、12〜15分煮る。

3 2にみそを溶き入れ、火を止める。

組み合わせはコレ！ さばと根菜のみそ煮（p.114）

低カロリー

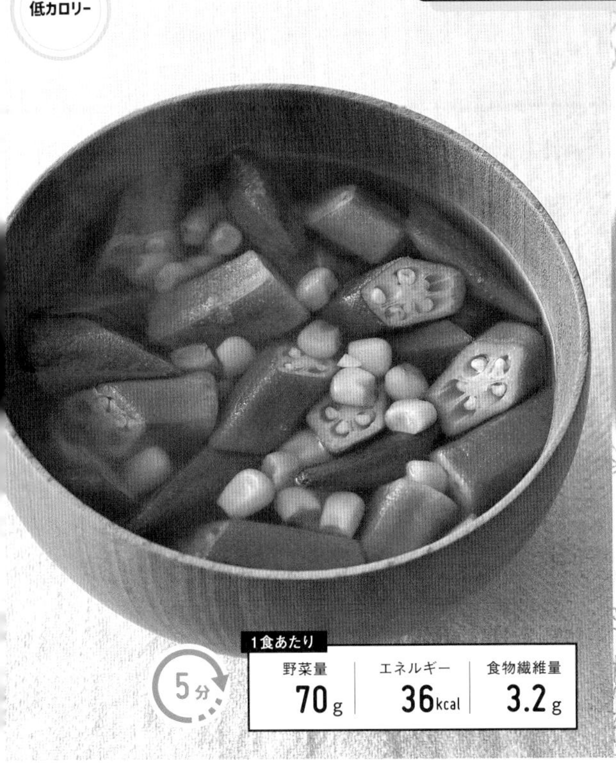

5分

1食あたり		
野菜量	エネルギー	食物繊維量
70g	36kcal	3.2g

12分

1食あたり		
野菜量	エネルギー	食物繊維量
109g	111kcal	1.5g

水溶性&不溶性食物繊維がバランスよくとれる

オクラのわさび風味スープ

材料（2人分）

オクラ …… 8〜12本(100g)
ホールコーン缶 …… ⅕缶(40g)
だし汁 …… 1・¾カップ
A しょうゆ …… 小さじ1
A 練りわさび …… 小さじ¼〜⅓

作り方

1 オクラはへたとガクを取り、斜め3〜4等分に切る。

2 鍋にだし汁を入れて中火にかけ、沸騰したら1、汁けをきったコーン、Aを加えて1分煮る。

組み合わせはコレ！ トマト入り豚焼きそば (p.83)

白菜の甘みとふんわり卵がおいしい！

魚介と白菜の中華風スープ

材料（2人分）

シーフードミックス(冷凍) …… 100g
白菜 …… 2枚(200g)
小ねぎ …… ⅓把(18g)
溶き卵 …… 1個
A 水 …… 1・¾カップ
A 鶏ガラスープの素 …… 小さじ2〜2・½
A 酒 …… 大さじ1
A しょうゆ …… 小さじ1
A ごま油 …… 小さじ½
A 塩、こしょう …… 各少々
水溶き片栗粉
　片栗粉 …… 大さじ½
　水 …… 大さじ1

作り方

1 シーフードミックスはさっと水で洗って水けをふく。白菜は幅を3等分に切ってから1cm幅の細切りにする。小ねぎは小口切りにする。

2 鍋に1の白菜、シーフードミックス、Aを入れて中火にかける。沸騰したら弱火にしてふたをし、白菜がしんなりするまで4分ほど煮る。

3 2に水溶き片栗粉を少しずつ加えて混ぜ、とろみをつける。溶き卵を回し入れ、ふんわり浮いてきたらひと混ぜし、小ねぎを加えて火を止める。

組み合わせはコレ！ 厚揚げときのこのしょうがじょうゆ炒め(p.63)

Column 1

使い方は自由自在！
4種の食べる野菜だれ&ソース

たれやソースは工夫しだいで野菜がたっぷりとれます。野菜の食感も楽しめるから
シンプルな肉のソテーはもちろん、温野菜やサラダ、ごはんにかけたり、パンにのせたりと
食べ方はいろいろ！たれ同士が混ざっても新しいおいしさがあるのでお好みで楽しんでみて。

- ある日のワンプレート -

グリルした魚介や野菜にかけても

焼きパプリカのガーリックオイルだれ

冷蔵3日間
冷凍2週間

全量		
野菜量	エネルギー	食物繊維量
185g	245kcal	3.5g

材料（作りやすい分量）

パプリカ（赤）……………………… 1個（150g）
玉ねぎ……………………………… ⅙個（35g）
にんにく（みじん切り）…………………… 2かけ
アンチョビフィレ……………………………… 3枚
オリーブ油…………………………… 大さじ1・½
白ワイン……………………………… 大さじ2
塩…………………………………………… 少々

作り方

1 パプリカは5㎜角に切る。玉ねぎはみじん切りにする。アンチョビは細かく刻む。

2 フライパンにオリーブ油、1、にんにくを入れ、弱火〜中火でじっくりと炒める。白ワインを加えて混ぜながら一度中火で煮立て、塩で味をととのえる。

中途半端に余った漬け物が大活躍！

ほうれん草と高菜の和風だれ

冷蔵3日間
冷凍2週間

材料（作りやすい分量）

ほうれん草……………………… 小1把（150g）
刻み高菜漬け……………………………… 50g
A
水……………………………………… ¼カップ
みりん…………………………………… 大さじ½
しょうゆ、いりごま（白）……… 各小さじ1
砂糖…………………………………… 小さじ½

作り方

1 ほうれん草は沸騰した湯（分量外）で40秒ほどゆでて水にとり、水けを絞って粗みじん切りにする。

2 鍋にAを入れて中火にかけ、煮立ったら1、高菜漬けを加えて混ぜながら1〜2分煮る。

全量		
野菜量	エネルギー	食物繊維量
150g	76kcal	6.5g

ホットドッグにのせてもおいしい

トマトとピーマンのサルサ風ソース

☑ 冷蔵２日間
冷凍NG

全量		
野菜量	エネルギー	食物繊維量
270g	68kcal	3.8g

材料（作りやすい分量）

トマト……1個（200g）
玉ねぎ（あれば赤玉ねぎ）……⅙個（35g）
ピーマン……1個（35g）
香菜……2〜3本
A レモン汁……大さじ1
A にんにく（すりおろし）……小さじ¼
A タバスコ……小さじ¼〜½
A 塩、粗びき黒こしょう……各少々

作り方

1 玉ねぎはみじん切りにし、水にさらして水けを絞る。トマトは1cm角に切る。ピーマン、香菜は粗みじん切りにする。

2 1とAを混ぜ合わせる。

＊すぐに食べるときは小さく切ったアボカドと混ぜてもよい。

おにぎりやオムレツの具にもぴったり！

刻みきのことひき肉のみそ風味だれ

☑ 冷蔵３日間
冷凍２週間

材料（作りやすい分量）

豚ひき肉……100g
まいたけ……1パック（100g）
しいたけ……4〜5個（45g）
長ねぎ……¼本（25g）
しょうが（みじん切り）……小さじ½
ごま油……小さじ1
A 水……¼カップ
A 酒、みそ……各大さじ1
A しょうゆ、砂糖……各小さじ1

作り方

1 まいたけ、石づきを取ったしいたけ、長ねぎは粗みじん切りにする。

2 フライパンでひき肉を中火で炒め、肉の色が変わったら脂をふき取る。1、ごま油、しょうがを加え、全体がしっとりするまで4分ほど炒め合わせる。

3 Aを加えて2〜3分混ぜながら煮る。

全量		
野菜量	エネルギー	食物繊維量
170g	338kcal	7.3g

Part.2

お値打ち食材で節約ワンプレート

お肉は鶏むね肉や豚こま、ひき肉。
野菜はもやし、にら、きのこなど、お値打ち食材を使った
お財布にやさしいワンプレート！
見た目のボリュームはもちろん、もの足りなさは
まったく感じさせないので満足度も抜群！
特売日に安い食材をまとめて買って
作りおきを取り入れながら楽しく節約しましょう。

大きめのギョウザにあえ物とスープがついて腹持ち抜群

小松菜入り焼きギョウザワンプレート

すぐできる

もやしとミニトマトの中華風スープ⇒ p.73
1人分

ごはん 120g

青じそ2枚

作りおき

蒸しなすのごまあえ⇒ p.68
1人分

作りおき

小松菜入り
焼きギョウザ⇒ p.51 1人分

1食あたり

野菜量	エネルギー	食物繊維量
315g	564kcal	8.8g

高食物繊維

作りおき　小松菜は水けをよく絞ると包みやすくなる！

小松菜入り焼きギョウザ

☑ 冷蔵２日間／冷凍２週間

材料（4人分・約24個分）

小松菜……2把（400g）
豚ひき肉……250g

A
- 長ねぎ（みじん切り）……½本（50g）
- しょうゆ……大さじ1・⅓
- 片栗粉……大さじ1・½
- 酒……大さじ1
- 砂糖……小さじ2
- ごま油、しょうが（すりおろし）……各小さじ1

ギョウザの皮（大判）……24枚
サラダ油……小さじ½
ごま油……大さじ½
酢、しょうゆ、ラー油……各適量

作り方

1. 小松菜は沸騰した湯（分量外）で40秒～1分ゆで、冷水にとり、水けをよく絞って粗みじん切りにする。
2. ボウルにひき肉を入れて練り合わせ、1、Aを加えて混ぜる。ギョウザの皮に肉だねを等分にのせてお好みの形に包む。全部で24個作る。
3. フライパンにサラダ油を薄く塗り、2を並べ入れる。中火で1～2分、皮の底面が白っぽくなるまで軽く焼く。
4. 湯½カップ（分量外）を加えてふたをし、火を少し弱めて水分がほとんどなくなるまで5～6分蒸し焼きにする。ふたを取り、ごま油を回し入れ、カリッとするまで2分ほど焼く。食べるときに酢、しょうゆ、ラー油を添える。

1食あたり

野菜量	エネルギー	食物繊維量
113g	310kcal	3.1g

アレンジ！

野菜はピーラーでリボン状に薄切り

小松菜入り水ギョウザ鍋

12分

1食あたり

野菜量	エネルギー	食物繊維量
248g	333kcal	5.3g

高食物繊維

材料（2人分）

小松菜入りギョウザ（上記参照・焼く前の状態）……12個
大根……8cm（200g）
にんじん……⅓本（70g）

A
- 水……3カップ
- 酒……大さじ2
- 鶏ガラスープの素……大さじ1

B
- にら（粗く刻む）　½把（50g）
- 赤唐辛子（輪切り）……ふたつまみ
- しょうゆ……大さじ2
- 酢……大さじ1
- 砂糖……小さじ2
- しょうが（すりおろし）、鶏ガラスープの素……各小さじ1

ポン酢しょうゆ……適量

作り方

1. 大根とにんじんはピーラーで細長くリボン状に切る。
2. 鍋にAを入れて中火にかけ、煮立ったら小松菜入りギョウザを入れる。再び煮立ったら2分ほど煮て1を加え、3分ほど煮る。
3. 野菜とギョウザを取り分けながら、混ぜ合わせたBやポン酢しょうゆをつけながら食べる。

節約食材だけでおしゃれなひと皿を実現！

鶏むね肉と野菜のトマト煮込みワンプレート

バゲット 60g

すぐできる

せん切りキャベツとにんじんのみそマヨサラダ⇒ p.69
1人分

作りおき

鶏むね肉と野菜のトマト煮込み⇒ p.53
1人分

高食物繊維

低カロリー

1食あたり

野菜量	エネルギー	食物繊維量
255g	474kcal	8.2g

作りおき　鶏むね肉がトマトの水分でしっとりやわらか！

鶏むね肉と野菜のトマト煮込み

冷蔵２～３日間／冷凍２週間

材料（4人分）

鶏むね肉 …………………………… 大1枚（350g）
ピーマン ………………………………… 8個（280g）
玉ねぎ ………………………………… 1個（200g）
にんにく（みじん切り） …………………… 2かけ
塩、こしょう ……………………………… 各少々
薄力粉 ………………………………………… 適量
オリーブ油 ………………………………… 大さじ1

A
- ホールトマト水煮缶 ………… 1缶（400g）
- 水 ………………………………… ½カップ
- 酒 ………………………………… 大さじ2
- 顆粒コンソメスープの素 ……… 小さじ1
- 砂糖 ……………………………… 小さじ½
- 塩、粗びき黒こしょう ………… 各少々

作り方

1. 鶏肉は4～5cm角になるように1.5cm厚さのそぎ切りにし、塩、こしょう、薄力粉をまぶす。玉ねぎは薄切り、ピーマンは縦4等分に切る。
2. フライパンにオリーブ油を中火で熱し、1の鶏肉、玉ねぎを入れて鶏肉に軽く焼き色がつくまで2～3分焼く（玉ねぎは軽く混ぜながら炒める）。
3. 鶏肉を裏返して同様に焼き、にんにくを加えて軽く炒める。Aを加え、トマトをへらでつぶしながら煮る。
4. 煮立ったらピーマンを加えて弱火にし、ふたをしてときどき混ぜながら5～8分煮る。

1食あたり

野菜量	エネルギー	食物繊維量
120g	203kcal	3.8g

アレンジ！

きのこは組み合わせて使うとうまみが増す！

鶏ときのこのトマトみそ煮込み

冷蔵２～３日間／冷凍２週間

1食あたり

野菜量	エネルギー	食物繊維量
100g	262kcal	3.9g

材料（4人分）

鶏むね肉 …… 大1枚（350g）
玉ねぎ ………… 1個（200g）
エリンギ、マッシュルーム、まいたけなどお好みのきのこ …………………… 合計200g
にんにく（みじん切り）… 2かけ
塩、こしょう ……… 各少々
薄力粉 ……………… 適量
オリーブ油 …… 大さじ1

A
- ホールトマト水煮缶 ………… 1缶（400g）
- 酒 ………… 大さじ2
- みそ ……… 大さじ1

溶けるチーズ（生食タイプ）……… 60g

作り方

1. 鶏肉は4～5cm角になるように1.5cm厚さのそぎ切りにし、塩、こしょう、薄力粉をまぶす。玉ねぎは薄切り、きのこは石づきを取り、食べやすい大きさに切る。
2. フライパンにオリーブ油を中火で熱し、1を入れて鶏肉に軽く焼き色がつくまで2～3分焼く。
3. 鶏肉を裏返して同様に焼き、にんにくを加えて軽く炒める。Aを加え、トマトをへらでつぶしながら煮る。
4. 煮立ったらふたをしてときどき混ぜながら5～8分煮る。火を止めてチーズをかける。

卵とおなじみの野菜さえあればできちゃう

野菜としめじのふわふわ オムレツワンプレート

おにぎり　80g × 2 個
＋いりごま（黒）少々

作りおき
きゅうりの白だしピクルス⇒ p70
1 人分（汁けをきる）

作りおき
白菜とハムのコンソメスープ⇒ p72
1 人分

サラダ菜
1 ～ 2 枚

すぐできる
野菜としめじのふわふわオムレツ⇒ p.55
1 人分

1食あたり

野菜量	エネルギー	食物繊維量
330g	610kcal	8.5g

高食物繊維

すぐできる　野菜をしんなりするまで炒めてから半熟状の卵で包みます

野菜としめじのふわふわオムレツ

10分

材料（2人分）

卵……4個
にんじん……⅓本（70g）
玉ねぎ……⅓個（約70g）
しめじ……1パック（100g）
バター……12g
塩……少々
サラダ菜……2〜4枚（20g）
A　牛乳……大さじ2
　　塩、こしょう……各少々
トマトケチャップ……適量

作り方

1 にんじんはせん切り、玉ねぎは薄切りにする。しめじは根元を切り落としてほぐす。

2 フライパンにバターの⅓量を中火で熱し、1を2〜3分炒め、塩をして一度取り出す。

3 卵は溶きほぐし、Aを加えて混ぜる。

4 2のフライパンをきれいにふき、バターの⅓量を中火で熱し、3の卵液を半量流し込む。大きく混ぜて半熟状になったら弱火にし、2の半量をのせて包み、器に盛る。同様にもう1個作る。トマトケチャップをかけ、サラダ菜を添える。

1食あたり

野菜量	エネルギー	食物繊維量
130g	253kcal	3.2g

アレンジ!

野菜の新芽には栄養がギュッと凝縮されています!

スプラウトと青じその和風オムレツ

10分

1食あたり

野菜量	エネルギー	食物繊維量
103g	232kcal	4.5g

※大根おろしは軽く水けをきった後の量

材料（2人分）

卵……4個
ブロッコリースプラウト（アルファルファ）
……1パック（50g）
青じそ……6枚（6g）
大根おろし……1カップ（200g）
A　牛乳……大さじ2
　　塩、こしょう……各少々
バター……10g
ポン酢しょうゆ（または、しょうゆ）……適量

作り方

1 青じそはせん切りにして水にさっとさらし、ペーパータオルに包んで水けを絞る。ブロッコリースプラウトは根元があれば切り落とす。

2 卵は溶きほぐし、Aを加えて混ぜる。

3 フライパンにバターの½量を中火で熱し、2の卵液を半量流し込む。大きく混ぜて半熟状になったら弱火にし、ブロッコリースプラウトを半量のせて包み、器に盛る。同様にもう1個作る。軽く水けをきった大根おろし、青じそを添えてポン酢しょうゆをかける。

つゆだくのお手軽すき焼きにはさっぱりサラダを添えて

もやし＆玉ねぎ入り豚のすき焼き風煮ワンプレート

ごはん 120g

すぐできる

もやし＆玉ねぎ入り豚のすき焼き風煮⇒ p.57

1 人分

作りおき

きゅうりとひじきの和風サラダ⇒ p.66

1 人分

1食あたり

野菜量	エネルギー	食物繊維量
295g	536kcal	7.0g

すぐできる　豚こまと野菜が主役！みんなが好きなほっとする甘辛味

もやし＆玉ねぎ入り豚のすき焼き風煮

材料（2人分）

豚こま切れ肉……120g
卵……2個
もやし……1袋（200g）
玉ねぎ……小1個（150g）
A
　酒、しょうゆ、みりん……各大さじ2
　砂糖……大さじ½
　顆粒和風だし……小さじ1
　しょうが（すりおろし）……小さじ½
　水……1〜1・½カップ
小ねぎ（小口切り）、七味唐辛子……各適量

作り方　12分

1 玉ねぎは1cm幅のくし形切りにする。

2 鍋またはフライパンにA、1を入れて中火にかけ、煮立ったら弱火にしてふたをし、3分ほど煮る。

3 2に豚肉を加えてほぐし、アクが出てきたらすくい、色が変わってきたらもやし、卵も加える。卵がお好みの火の通り具合になるまで加熱する。器に盛り、小ねぎ、七味唐辛子をかける。

1食あたり

野菜量	エネルギー	食物繊維量
175g	292kcal	2.8g

アレンジ！

うどんと煮ればボリューム感アップ！

もやし＆玉ねぎ入り豚のすき焼き風うどん

15分

1食あたり

野菜量	エネルギー	食物繊維量
150g	481kcal	4.7g

材料（2人分）

チルドうどん……2玉
豚こま切れ肉……120g
卵……2個
もやし……½袋（100g）
玉ねぎ……小1個（150g）
かいわれ菜……1パック（50〜60g）
A
　しょうゆ、みりん……各大さじ3
　酒……大さじ2
　砂糖……小さじ2
　顆粒和風だし……小さじ1・½
　しょうが（すりおろし）……小さじ½
　水……1・½〜2カップ
七味唐辛子……適量

作り方

1 玉ねぎは1cm幅のくし形切りにする。かいわれ菜は根元を切り落とす。

2 鍋またはフライパンにA、玉ねぎを入れて中火にかけ、煮立ったら弱火にしてふたをし、3分ほど煮る。

3 2に豚肉を加えてほぐし、アクが出てきたらすくい、色が変わってきたらもやし、うどんを入れて軽くめんをほぐす。卵を加えてお好みの火の通り具合になるまで加熱する。器に盛り、かいわれ菜をのせ、七味唐辛子をかける。

1食あたり

野菜量	エネルギー	食物繊維量
110g	395kcal	3.4g

☑ 冷蔵２日間／冷凍２週間

野菜を飽きずに食べるにはたまには揚げ物で！

鶏むね肉と野菜のミックスフライ

材料（4人分）

- 鶏むね肉……小1枚（250g）
- なす……3〜4本（320g）
- かぼちゃ……1/10個（120g）
- 塩、こしょう……各少々
- 薄力粉、パン粉、揚げ油……各適量
- 溶き卵……2個分
- ソース、レモン……各適量

作り方

1. 鶏肉は皮を取り除き、1.5〜2㎝厚さのそぎ切りにし、塩、こしょうをまぶす。
2. かぼちゃは8㎜厚さのくし形切りにし、長ければ長さを2〜3等分に切る。なすは縦半分に切る。
3. 1と2に薄力粉、溶き卵、パン粉を順につける。
4. 揚げ油を170℃に熱し、3を揚げ鍋に入る分ずつ順番に入れ、鶏肉を4分、かぼちゃを5〜6分、なすを3分かけて揚げ、油をよくきる。食べるときにソースやレモンを添える。

組み合わせはコレ！／スライス玉ねぎの青じそおかかのせ（p.69）

高食物繊維

10分

1食あたり

野菜量	エネルギー	食物繊維量
150g	235kcal	4.0g

ド定番の炒め物は野菜増量で食べごたえもバッチリ！

キャベツとにらの豚キムチ炒め

材料（2人分）

豚こま切れ肉……160g
キャベツ……⅙個（200g）
にら……1把（100g）
白菜キムチ……80〜100g
ごま油……大さじ½
オイスターソース……大さじ½

作り方

1. キャベツはざく切りにする。にらは5〜6㎝長さに切る。
2. フライパンにごま油を中火で熱し、豚肉を加えてほぐすように炒める。肉の色が変わったら、キャベツも加えて2〜3分炒める。
3. キャベツがしんなりしてきたら、白菜キムチ、オイスターソース、にらを順に加え、手早く炒め合わせる。

組み合わせはコレ！／しらたきとにんじんのたらこ炒め（p.70）

主菜・作りおき

1食あたり

野菜量	エネルギー	食物繊維量
100g	257kcal	2.2g

冷蔵2日間 / 冷凍2週間

ごはんにもパンにも合うリッチな味わい♪

豚こまのカレークリーム煮

材料（4人分）

豚こま切れ肉……300g
玉ねぎ……1・½個（300g）
さやいんげん……14〜15本（100g）
塩、こしょう……各少々
バター……10g
薄力粉……大さじ1・½
酒……大さじ2
A
- 牛乳……1・¼〜1・½カップ
- カレー粉……小さじ2
- 塩……小さじ¼

作り方

1. 豚肉に塩、こしょうをまぶす。玉ねぎは8mm〜1cm幅の厚めの薄切りにする。さやいんげんは長さを2〜3等分に切る。
2. フライパンにバターを中火で熱し、1を2〜3分炒める。薄力粉をふり入れて粉っぽさがなくなるまで炒め合わせ、酒を加える。
3. 2にAを加え、静かに混ぜながらとろみがつくまで中火で5〜6分煮る。

組み合わせはコレ！／せん切りキャベツとにんじんのみそマヨサラダ（p.69）

高食物繊維

1食あたり

野菜量	エネルギー	食物繊維量
225g	363kcal	4.1g

15分

フライパン1つで肉も野菜も同時に蒸し焼きに

鶏むね肉の野菜たっぷりステーキ

材料（2人分）

- 鶏むね肉……1枚（300～350g）
- 玉ねぎ……1個（200g）
- パプリカ（赤）……1個（150g）
- れんこん……約1/2節（100～120g）
- にんにく（薄切り）……2かけ
- 塩……小さじ1/3
- こしょう……少々
- 薄力粉……適量
- オリーブ油……大さじ1/2
- A
  - 白ワイン（または酒）……大さじ2
  - しょうゆ……大さじ1・1/2
  - 水……大さじ1/2
  - 砂糖……小さじ1
  - バター……4g

作り方

1. 鶏肉は厚みがある部分に包丁を入れて開き、めん棒で軽くたたいて厚みを均一にする。塩、こしょう、薄力粉を両面にまぶす。
2. れんこんは5㎜厚さの半月切り、玉ねぎは8等分のくし形切り、パプリカは2㎝幅の細切りにする。
3. フライパンにオリーブ油、にんにくを入れて弱火で炒め、軽く色がついたらにんにくを取り出す。
4. 3のフライパンに1を皮目から入れ、周りに2も入れる。ふたをして4分ほど蒸し焼きにし、肉の上下を返して同様に4分ほど蒸し焼きにする（野菜はときどき混ぜる）。器に盛り、3のにんにくをのせる。
5. 4のフライパンをふいてきれいにし、Aを入れて中火で煮立ててソースを作る。4の肉にかけ、お好みでパセリを添える。

組み合わせはコレ！ 白菜とハムのコンソメスープ（p.72）

1食あたり

野菜量	エネルギー	食物繊維量
200g	245kcal	2.6g

☑ 冷蔵3日間／冷凍NG

低カロリー

1食あたり

野菜量	エネルギー	食物繊維量
150g	180kcal	2.5g

☑ 冷蔵2日間／冷凍2週間（冷凍は肉みそのみ）

大根は中まで味がしみしみ！コラーゲンもたっぷり！

鶏手羽元と大根の煮物

材料（4人分）

鶏手羽元……………8本
大根……………⅔本(800g)
しょうが(せん切り)……………½かけ
ごま油……………小さじ1

A
だし汁…1〜1・½カップ
しょうゆ……………大さじ4
酒、みりん……………各大さじ3・½
砂糖……………大さじ1・½

作り方

1 大根は1cm〜1.5cm厚さの半月切りにする。

2 鍋にごま油を中火で熱し、鶏手羽元、1を入れて2分ほど炒める。

3 A、しょうがを加え、煮立ったら弱火にしてふたをし、途中上下を2〜3回返しながら大根に竹串がすっと通るまで30分ほど煮る。汁けが多ければ軽く煮つめる。

組み合わせはコレ！ トマトにら玉（p.67）＋きゅうりの白だしピクルス（p.70）

蒸し焼きにして白菜の甘みを味わって！

焼き白菜のひき肉みそがけ

材料（4人分）

白菜…¼〜⅓株(600g)
豚ひき肉……………200g
ごま油……………大さじ1

A
みそ、酒……………各大さじ2
砂糖……………小さじ2
しょうゆ、しょうが(すりおろし)…各小さじ1
片栗粉……………小さじ1・½
水……………⅓カップ

作り方

1 白菜は根元をつけたまま3cm厚さのくし形切りにし、長さを3〜4等分に切る。バラバラにせず、ごま油をひいたフライパンにそのまま並べる。

2 1を中火にかけ、水大さじ2（分量外）をふりかけてふたをし、少し火を弱めて4〜6分蒸し焼きにして火を通す。粗熱がとれたら保存容器に入れる。

3 2のフライパンをきれいにし、ひき肉を入れて中火にかけ、肉の色が変わるまで炒める。脂が出てきたらふき取る。混ぜ合わせたAを加えて炒め合わせる。別の保存容器に入れる。食べるときに肉みそを2にかける。

組み合わせはコレ！ 豆苗と豆腐のみそ汁（p.73）

1食あたり
15分

野菜量	エネルギー	食物繊維量
150g	225kcal	2.8g

1食あたり
8分

野菜量	エネルギー	食物繊維量
140g	273kcal	6.3g

高食物繊維

安い！おいしい！ヘルシー！の三拍子♪

野菜たっぷりよだれ鶏

材料（2人分）

鶏むね肉 …… 小1枚(250g)
もやし …… 1袋(200g)
きゅうり …… 1本(100g)
塩、こしょう …… 各少々
酒 …… 大さじ1

A
長ねぎ(みじん切り) …… ½本(50g)
にんにく、しょうが(すりおろし)…各小さじ½
しょうゆ … 大さじ1・⅔
酢(あれば黒酢)… 大さじ1
砂糖 …… 小さじ2
ラー油、いりごま(白) …… 各小さじ1

作り方

1 鶏肉は皮を取り、厚みがある部分に包丁を入れて開き、塩、こしょうを両面にまぶす。耐熱皿にのせて酒をふり、ふんわりとラップをかけ、電子レンジで2分30秒ほど加熱する。上下を返して同様に2分ほど加熱する。そのまま冷まし、粗熱がとれたらそぎ切りにする。

2 もやしは別の耐熱皿にのせてふんわりとラップをかけ、電子レンジで1分30秒〜2分加熱し、水けをきる。きゅうりは細切りにする。Aを混ぜ合わせてたれを作る。

3 器に2のもやし、きゅうりを盛り、1をのせる。2のたれをかける。

組み合わせはコレ！ ささがきごぼうの中華風ピリ辛スープ(p.98)

火の通りが早い食材で光熱費を節約！

厚揚げときのこのしょうがじょうゆ炒め

材料（2人分）

厚揚げ …… ½枚(150g)
鶏ひき肉 …… 100g
まいたけ … 1パック(100g)
しめじ …… 1パック(100g)
しいたけ …… 8個(80g)
ごま油 …… 大さじ½

A
しょうゆ、酒 …… 各大さじ1
砂糖 …… 大さじ½
しょうが(すりおろし) …… 小さじ½
赤唐辛子(輪切り) …… ひとつまみ

作り方

1 厚揚げは1.5cm厚さ×4cm角に切る。まいたけはほぐし、しめじは根元を切り落としてほぐす。しいたけは石づきを取り、8mm〜1cm厚さに切る。

2 フライパンにごま油を中火で熱し、ひき肉、1のきのこを入れて炒める。

3 肉の色が変わったら厚揚げも加え、くずさないよう、焼き色がつくまで3〜4分炒める。Aを加えて炒め合わせる。

組み合わせはコレ！ 野菜たっぷり豚汁 (p.44)

高食物繊維

低カロリー

1食あたり

野菜量	エネルギー	食物繊維量
100g	201kcal	3.3g

冷蔵2～3日間／冷凍2週間

1食あたり

野菜量	エネルギー	食物繊維量
100g	129kcal	4.4g

冷蔵2～3日間／冷凍NG

噛みごたえがあるので食べすぎ防止に！

えのきのピリ辛つくね

材料（4人分）

- 鶏ひき肉……300g
- えのきたけ…2パック（200g）
- 長ねぎ……2本（200g）
- A
  - 片栗粉……大さじ1・½
  - しょうが（すりおろし）……小さじ½
  - 塩……小さじ¼
- ごま油……小さじ1
- B
  - しょうゆ、酒……各大さじ1・½
  - みりん……大さじ1
  - 砂糖……大さじ½
  - 豆板醤……小さじ½～⅔
  - 片栗粉……小さじ½

作り方

1. えのきたけは根元を切り落とし、1.5～2cm長さに刻む。長ねぎは4cm長さに切る。
2. ボウルに1のえのきたけ、A、ひき肉を入れてよく練り混ぜ、5～6cmの平たい円形にまとめる。
3. フライパンにごま油を中火で熱し、2を並べ入れ、空いたところに長ねぎを並べる。弱火にしてふたをし、3～4分蒸し焼きにする。焼き色がついたら裏返し、同様に3～4分蒸し焼きにする。
4. 3の余分な脂をふき取り、混ぜ合わせたBを加えて煮からめる。

組み合わせはコレ！／キャベツとあさり缶のガーリックスープ（p.75）

バジル風味でブロッコリーがパクパク食べられる！

いかとブロッコリーのバジルガーリック炒め

材料（4人分）

- 冷凍カットいか……250g
- ブロッコリー…1・½株（300g）
- 玉ねぎ……½個（100g）
- にんにく（みじん切り）…2かけ
- オリーブ油……大さじ1・½
- 酒……大さじ1
- A
  - ドライバジル……小さじ⅔
  - 塩……小さじ⅓
  - 粗びき黒こしょう……少々

作り方

1. ブロッコリーは小房に分け、茎のやわらかい部分は短冊切りにする。玉ねぎは薄切りにする。いかは冷凍のまま水で洗い、水けをふく。
2. 耐熱皿に1のブロッコリーを並べ、水大さじ1・½（分量外）をかける。ふんわりとラップをかけ、電子レンジで3～4分加熱し、水けをきる。
3. フライパンにオリーブ油、にんにくを中火で熱し、香りが出たら玉ねぎを入れて1～2分炒める。いか、2を加えて2分ほど炒め合わせる。
4. いかに火が通ったら、酒を加えて一度沸騰させ、Aで味をととのえる。

組み合わせはコレ！／もやしとミニトマトの中華風スープ（p.73）

10分

1食あたり

野菜量	エネルギー	食物繊維量
100g	293kcal	2.0g

低カロリー

10分

1食あたり

野菜量	エネルギー	食物繊維量
100g	185kcal	3.0g

給料日前でもこの組み合わせなら安心！

玉ねぎ & にんじん入り さんま缶卵とじ

材料（2人分）

さんまかば焼き缶 …… 1缶（100g）
卵 …… 3個
玉ねぎ …… ½個（100g）
にんじん …… ½本（100g）
めんつゆ（ストレート） …… ¾カップ
＊濃縮タイプの場合は表示に従って薄めて使う。

作り方

1 玉ねぎは8㎜厚さの薄切り、にんじんは短冊切りにする。卵は溶きほぐす。

2 フライパンに1の玉ねぎ、にんじん、めんつゆを入れて中火にかけ、煮立ったらふたをして弱火で5〜6分煮る。

3 2に軽くほぐしたさんま缶を缶汁ごと加え、溶き卵を回し入れる。ふたをして卵が半熟状になるまで2分ほど煮る。器に盛り、お好みで山椒をかける。

組み合わせはコレ！　スナップえんどうと グリーンピースのマリネ（p.96）

豆腐はレンジで温めて温豆腐にして食べても

豆腐のツナ & 玉ねぎあんかけ

材料（2人分）

絹ごし豆腐 …… 1丁（300g）
ツナ水煮缶 …… 小1缶（70g）
玉ねぎ …… 1個（200g）
サラダ油 …… 小さじ1
A
水 …… ½カップ
しょうゆ、みりん、酒 …… 各大さじ1
しょうが（すりおろし）、顆粒和風だし …… 各小さじ½
片栗粉 …… 小さじ1

作り方

1 豆腐は水けをきり、食べやすい大きさに切って器に盛る。

2 玉ねぎは8㎜厚さの薄切りにする。ツナ缶は缶汁をきる。

3 フライパンにサラダ油を中火で熱し、2の玉ねぎを3〜4分炒める。混ぜ合わせたAを加え、沸騰したら弱火で混ぜながら玉ねぎがやわらかくなるまで煮る。ツナ缶を加えて混ぜ、火を止める。

4 1に3をかける。

組み合わせはコレ！　ブロッコリー入りポテトサラダ（p.94）

1食あたり

野菜量	エネルギー	食物繊維量
100g	105kcal	1.4g

☑ 冷蔵2〜3日間／冷凍NG

食べる直前にちぎった韓国のりとあえても！

もやしとハムの中華風ナムル

材料（4人分）

もやし……2袋(400g)
スライスハム……4枚
A ごま油……大さじ2
A 鶏ガラスープの素……小さじ1・⅓
A にんにく(すりおろし)……小さじ1
A 塩、こしょう……各少々

作り方

1. もやしは沸騰した湯（分量外）で1〜2分ゆで、水けをしっかりときる。
2. ハムは長さを半分にしてから4〜5㎜幅の細切りにする。
3. 混ぜ合わせたAで1、2をあえる。

組み合わせはコレ！／カラフルチンジャオロースー（p.31）＋しらたきとにんじんのたらこ炒め（p.70）

低カロリー

1食あたり

野菜量	エネルギー	食物繊維量
120g	55kcal	2.4g

☑ 冷蔵2〜3日間／冷凍NG

骨を強くして腸をきれいにする健康サラダ！

きゅうりとひじきの和風サラダ

材料（4人分）

きゅうり……2本(200g)
にんじん……½本(100g)
大根……約3㎝(80g)
芽ひじき水煮……100g
塩……小さじ⅓
A オリーブ油……大さじ1〜1・½
A しょうゆ、酢……各大さじ½
A 砂糖……小さじ1〜1・½
A いりごま(白)……小さじ1

作り方

1. きゅうりは細切り、大根、にんじんはせん切りにする。塩をまぶして軽くもみ、水けを絞る。
2. 混ぜ合わせたAで1、芽ひじきをあえる。

組み合わせはコレ！／鶏むね肉と野菜のトマト煮込み（p.53）

6分

1食あたり

野菜量	エネルギー	食物繊維量
100g	177kcal	1.9g

低カロリー

5分

1食あたり

野菜量	エネルギー	食物繊維量
100g	66kcal	2.2g

トマトをプラスして栄養バランスアップ！

トマトにら玉

材料（2人分）

- にら……1把（100g）
- トマト……½個（100g）
- A
  - 卵……3個
  - 酒……小さじ1
- ごま油……小さじ2
- B
  - しょうゆ……小さじ1
  - 鶏ガラスープの素……小さじ½
  - こしょう……少々

作り方

1. にらは4cm長さに切る。トマトは2cm角に切る。**A**は混ぜ合わせる。
2. フライパンにごま油の半量を中火で熱し、**A**を入れてふんわりと半熟状に炒め、一度取り出す。
3. 残りのごま油を中火で熱し、にらを根元から入れて1〜2分炒め、トマト、2の卵、**B**の順に加え、手早く炒める。

組み合わせはコレ！／野菜たっぷり肉じゃが（p.28）

豆苗の香りとシャキシャキ感がたまらない！

豆苗のオイスターソース炒め

材料（2人分）

- 豆苗……2パック（200g）
- ごま油……大さじ½
- A
  - オイスターソース……大さじ1
  - 鶏ガラスープの素……小さじ⅓
- 粗びき黒こしょう……適量

作り方

1. 豆苗は根元を切り落とす。
2. フライパンにごま油を中火で熱し、1を手早く炒め、**A**を加えて煮からめる。
3. 器に2を盛り、粗びき黒こしょうをかける。

組み合わせはコレ！／豚肉とアスパラの揚げ春巻き（p.114）

低カロリー

1食あたり

野菜量	エネルギー	食物繊維量
100g	22kcal	2.2g

☑ 冷蔵2～3日間／冷凍2週間

レンチンでしっとりジューシーに！

蒸しなすのごまあえ

材料（4人分）

なす……4～5本（400g）
A
- すりごま（白）……大さじ2・½
- しょうゆ……大さじ½
- 砂糖……小さじ½
- 塩……少々

作り方

1. なすはへたを切り落とし、さっと洗って水けをつけたまま耐熱皿に並べる。
2. ふんわりとラップをかけ、電子レンジで5分ほど加熱し、上下を返してさらに2分ほど加熱する。
3. ラップを取り、粗熱がとれたら、水けをふいて長さを半分にしてから縦4等分に切る。混ぜ合わせたAであえる。

組み合わせはコレ！／ぶりとたけのこの中華風とろみ炒め（p.111）＋もやしとミニトマトの中華風スープ（p.73）

1食あたり

野菜量	エネルギー	食物繊維量
50g	102kcal	1.4g

☑ 冷蔵2～3日間／冷凍2週間

栄養満点！お弁当のおかずにも◎。

ほうれん草どっさりの卵焼き

材料（4人分）

ほうれん草……1把（200g）
A
- 溶き卵……4個分
- 砂糖……大さじ1
- しょうゆ、酒……各小さじ1
- 塩……少々

サラダ油……小さじ½

作り方

1. ほうれん草は沸騰した湯（分量外）で40秒～1分ゆで、冷水にとり、水けをよく絞って、2cm長さに切る。
2. Aを混ぜ合わせ、1を加えて混ぜる。
3. フライパンにサラダ油を中火で熱し、2を流し入れ、半熟状になるまで混ぜる。オムレツのように折りたたみ、弱火にしてふたをし、上下を返しながら2～3分中まで火が通るまで焼く。
4. 3の粗熱がとれたら、切り分ける。

組み合わせはコレ！／具だくさんサラダそば（p.91）

7分

1食あたり

野菜量	エネルギー	食物繊維量
135g	98kcal	2.7g

ちょっぴりの辛子で味が引き締まる

せん切りキャベツとにんじんのみそマヨサラダ

材料（2人分）

キャベツ……1/6個（200g）
にんじん……1/3本（70g）
A マヨネーズ……大さじ1・1/2
A みそ……小さじ2/3
A 練り辛子……小さじ1/3

作り方

1 キャベツとにんじんはせん切りにして耐熱容器に入れ、ふんわりとラップをかけて電子レンジで2分加熱する。粗熱がとれたら、ペーパータオルに包んで水けを絞る。

2 混ぜ合わせたAで1をあえる。

組み合わせはコレ！／ハッシュドビーフ（p.86）

10分

1食あたり

野菜量	エネルギー	食物繊維量
103g	47kcal	1.7g

玉ねぎの薄切りはスライサーにおまかせ

スライス玉ねぎの青じそおかかのせ

材料（2人分）

玉ねぎ（あれば新玉ねぎ）……1個（200g）
青じそ……6枚（6g）
かつお節……4g
ポン酢しょうゆ……適量

作り方

1 玉ねぎは縦半分に切り、繊維に垂直にスライサーなどで薄切りにする。水に5〜10分さらし、水けをよくきる。

2 青じそはせん切りにして水にさっとさらし、ペーパータオルに包んで水けを絞る。

3 器に1を盛り、かつお節、2をのせ、ポン酢しょうゆをかける。

組み合わせはコレ！／なすのひき肉はさみフライ（p.109）

低カロリー

1食あたり		
野菜量	エネルギー	食物繊維量
100g	59kcal	3.9g

冷蔵2～3日間／冷凍NG

低カロリー

1食あたり		
野菜量	エネルギー	食物繊維量
100g	59kcal	1.2g

※漬け汁も含める全量

冷蔵4日間／冷凍NG

お値打ちのしらたき入りでボリュームアップ！

しらたきとにんじんのたらこ炒め

材料（4人分）

にんじん……2本（400g）
しらたき（アク抜き済み）……1パック（200g）
甘塩たらこ……40g
サラダ油……小さじ1
酒、しょうゆ……各大さじ1

作り方

1. にんじんはせん切りスライサーなどで細切りにする。しらたきは水けをしっかりときり、長さを3～4等分に切る。たらこは薄皮から身を出してほぐす。
2. フライパンを中火で熱し、1のしらたきを入れて3～4分炒める。水分がなくなってきたら、サラダ油、にんじんを加え、にんじんがしんなりするまで3分ほど炒める。
3. 酒、しょうゆ、1のたらこを順に加え、さっと炒め合わせる。

組み合わせはコレ！ キャベツとにらの豚キムチ炒め（p.59）

特売日に買って作っておくと安心な常備菜

きゅうりの白だしピクルス

材料（4人分）

きゅうり……4本（400g）
A 白だし（10倍濃縮）、酢、水……各½カップ
A 砂糖……大さじ3
A 赤唐辛子（輪切り）……ひとつまみ

作り方

1. きゅうりは長さを3～4等分に切ってから縦4等分に切り、耐熱の保存容器やジッパー付き保存袋に入れる。
2. 小鍋にAを入れて一度沸騰させ、1の保存容器やジッパー付き保存袋に注ぎ入れる。粗熱がとれたら、冷蔵庫で半日以上おく。

組み合わせはコレ！ 小松菜入り焼きギョウザ（p.51）＋パプリカと青じその塩昆布あえ（p.121）

低カロリー

8分

1食あたり

野菜量	エネルギー	食物繊維量
150g	68kcal	2.2g

さっと炒めるだけでスタミナ満点！

もやしとにんにくの芽のツナバターじょうゆ炒め

材料（2人分）

もやし……1袋（200g）
にんにくの芽……1パック（100g）
ツナ水煮缶……1缶（70g）
バター……8g
しょうゆ……大さじ½

作り方

1 にんにくの芽は4～5cm長さに切る。ツナ缶は缶汁をきる。

2 フライパンにバターを中火で熱し、1のにんにくの芽、もやしの順に入れ、2～3分炒める。

3 ツナ、しょうゆを加えてさっと炒め合わせる。

組み合わせはコレ！ 鶏手羽元と大根の煮物（p.62）＋豆苗と豆腐のみそ汁（p.73）

10分

1食あたり

野菜量	エネルギー	食物繊維量
125g	149kcal	2.7g

ゴーヤ特有の苦みには血糖値を下げる効果も

ゴーヤと小松菜のチャンプルー

材料（2人分）

ゴーヤ……½本（100g）
小松菜……¾把（150g）
卵……2個
ごま油……小さじ2
A しょうゆ、みりん……各小さじ2
A 顆粒和風だし……小さじ½
かつお節……3～4g

作り方

1 ゴーヤは縦半分に切り、種とわたをスプーンなどで取り除き、4～5mm幅に切る。塩少々（分量外）をまぶして軽くもみ、水で洗って水けをふく。小松菜は5cm長さに切る。卵は溶きほぐす。

2 フライパンにごま油の半量を中火で熱し、1の溶き卵を入れ、手早く炒めて一度取り出す。

3 残りのごま油、1のゴーヤを入れて2～3分炒め、小松菜、A、2の卵を加えてさっと炒め合わせる。器に盛り、かつお節をのせる。

組み合わせはコレ！ 野菜たっぷり肉じゃが（p.28）

高食物繊維

1食あたり

野菜量	エネルギー	食物繊維量
138g	304kcal	10.8g

☑ 冷蔵3日間／冷凍NG

ルウなしで作れる野菜たっぷりシチュー

鶏むね肉のクリームシチュー

材料（4人分）

鶏むね肉
………1枚（250～300g）
玉ねぎ………1個（200g）
じゃがいも…2個（300g）
にんじん…… 1本（200g）
ブロッコリー… ⅔株（150g）
A 塩、こしょう…各少々
A 薄力粉……大さじ1
オリーブ油…大さじ½
B 水
…1・¼～1・½カップ
B 白ワイン（または酒）
………大さじ1・½
B 顆粒コンソメスープの素……小さじ1・½
C バター………30g
C 薄力粉……大さじ3
牛乳………1・½カップ
塩、こしょう……各適量

作り方

1. 鶏肉は皮を取り、厚みを2cm程度にそいでから4cm角に切り、Aを順に両面にまぶす。玉ねぎはくし形切りにしてバラバラにし、じゃがいもは4～6等分に切り、にんじんは乱切りにする。ブロッコリーは小房に分ける。
2. Cは、練り混ぜておく。
3. 鍋にオリーブ油を中火で熱し、ブロッコリー以外の1を入れて3分ほど炒める。Bを加えて煮立ったら、ふたをして弱火で野菜がやわらかくなるまで12～15分煮る。
4. 3に2を煮汁で溶かしながら加え、牛乳も加える。ブロッコリーも加え、とろみがつくまで静かに混ぜながら3～4分煮る。塩、こしょうで味をととのえる。

組み合わせはコレ！／焼きアスパラの温玉ソース（p.39）

低カロリー

1食あたり

野菜量	エネルギー	食物繊維量
100g	67kcal	1.4g

☑ 冷蔵2～3日間／冷凍NG

こっくりしたおかずに合うあっさり汁物

白菜とハムのコンソメスープ

材料（4人分）

白菜……⅛～⅙株（300g）
玉ねぎ……½個（100g）
スライスハム……4枚
オリーブ油……大さじ½
A 水……3・½カップ
A 顆粒コンソメスープの素……小さじ2
A 塩、こしょう……各少々

作り方

1. 白菜は長さを3～4等分に切ってから1.5～2cm幅に細長く切る。玉ねぎは薄切りにする。ハムは半分に切り、1cm幅に切る。
2. 鍋にオリーブ油を中火で熱し、1を入れて野菜がしんなりするまで3分ほど炒める。
3. Aを加えて煮立ったら、ふたをして弱火で野菜がやわらかくなるまで10分ほど煮る。

組み合わせはコレ！／鶏むね肉の野菜たっぷりステーキ（p.61）

低カロリー

5分

1食あたり

野菜量	エネルギー	食物繊維量
100g	44kcal	1.6g

ミニトマトのほどよい酸味がおいしい！

もやしとミニトマトの中華風スープ

材料（2人分）

もやし……………… ½袋（100g）
ミニトマト……………… 10個（100g）
A
- 水……………… 2カップ
- 鶏ガラスープの素……………… 小さじ1・½
- しょうゆ……………… 小さじ1
- ごま油、いりごま（白）……………… 各小さじ½
- にんにく（すりおろし）……………… 小さじ¼

作り方

1. ミニトマトはへたを取り、縦半分に切る。
2. 鍋にAを入れて中火にかけ、煮立ったらもやしを入れて1分ほど煮る。1を加え、再び煮立ったら火を止める。

組み合わせはコレ！ キャベツ巻きとんかつ（p.32）＋蒸しなすのごまあえ（p.68）

低カロリー

5分

1食あたり

野菜量	エネルギー	食物繊維量
80g	68kcal	2.5g

美容にもアンチエイジングにも◎

豆苗と豆腐のみそ汁

材料（2人分）

豆苗……………… 1パック（100g）
大根……………… 約2.5cm（60g）
絹ごし豆腐……………… 80g
だし汁……………… 1・¾カップ
みそ……………… 大さじ1・½

作り方

1. 豆苗は根元を切り落す。大根はせん切りにする。豆腐は1.5cm角に切る。
2. 鍋にだし汁、大根を入れて中火にかけ、煮立ったら弱火にしてふたをし、4分ほど煮る。
3. 2に豆苗、豆腐を加えて中火にし、再び煮立ったら、みそを溶き入れて火を止める。

組み合わせはコレ！ 鮭と彩り野菜の南蛮漬け（p.34）

汁物・作りおき

1食あたり

野菜量	エネルギー	食物繊維量
200g	110kcal	2.6g

冷蔵2～3日間／冷凍NG

高食物繊維

1食あたり

野菜量	エネルギー	食物繊維量
150g	240kcal	4.3g

冷蔵2～3日間／冷凍2週間

とろっとやわからい玉ねぎは絶品！

丸ごと玉ねぎのトマトスープ

材料（4人分）

- 玉ねぎ……小4個（500～600g）
- トマト……小2個（300g）
- スライスベーコン……3枚
- A
  - 水……2・½カップ
  - バター……10g
  - 顆粒コンソメスープの素……大さじ1
- 塩、粗びき黒こしょう……各少々

作り方

1. 玉ねぎは上半分に6等分の切り込みを入れる。トマトはざく切りにする。ベーコンは2cm幅に切る。
2. 鍋に1、Aを入れて中火にかけ、煮立ったら弱火にしてふたをし、玉ねぎがやわらかくなるまで30分ほど煮る。塩、粗びき黒こしょうで味をととのえる。

組み合わせはコレ！／レタスぎゅうぎゅう卵サンド（p.85）

ビタミンEが豊富なごま入りでコク深い味わい

なすとひき肉のカレー風味スープ

材料（4人分）

- 豚ひき肉……200g
- なす……4～5本（400g）
- 玉ねぎ……1個（200g）
- バター……20g
- A
  - 水……1・¾～2カップ
  - プレーンヨーグルト……½カップ
  - すりごま（白）……大さじ3
  - カレー粉……大さじ1・½～2
  - 顆粒コンソメスープの素……小さじ1
  - 塩……小さじ⅔
- 牛乳……½カップ

作り方

1. なすは乱切り、玉ねぎは薄切りにする。
2. 鍋にバターを中火で熱し、1、豚肉を2～3分炒める。Aを加えて煮立ったら、弱火にしてふたをし、ときどき混ぜながら10分ほど煮る。
3. 牛乳を加えて静かに混ぜながら2～3分煮る。

組み合わせはコレ！／せん切りキャベツとにんじんのみそマヨサラダ（p.69）

低カロリー

10分

1食あたり

野菜量	エネルギー	食物繊維量
100g	80kcal	2.1g

高食物繊維

10分

1食あたり

野菜量	エネルギー	食物繊維量
143g	260kcal	5.9g

免疫力向上が期待できる組み合わせ♪

キャベツとあさり缶のガーリックスープ

材料（2人分）

- キャベツ …… 1/6個（200g）
- あさり水煮缶 …… 小1缶（60g）
- にんにく（みじん切り）…… 2かけ
- オリーブ油 …… 小さじ1
- A
  - 水 …… 2・1/4カップ
  - 顆粒コンソメスープの素 …… 小さじ1
  - 塩、粗びき黒こしょう …… 各少々

作り方

1. キャベツはざく切りにする。
2. 鍋にオリーブ油を中火で熱し、にんにく、1を1分ほど炒める。
3. A、あさり缶は缶汁ごと加え、煮立ったら弱火にしてふたをし、キャベツがしんなりするまで5分ほど煮る。

組み合わせはコレ！ 野菜たっぷりミートソースパスタ（p.90）

発酵食品と食物繊維で腸活スープ！

きのこどっさりチゲ風スープ

材料（4人分）

- 絹ごし豆腐 …… 150g
- まいたけ …… 1パック（100g）
- しめじ …… 1パック（100g）
- 豚こま切れ肉 …… 80g
- 長ねぎ …… 1/2本（50g）
- にら …… 1/3把（約35g）
- 白菜キムチ …… 60g
- ごま油 …… 小さじ1
- A
  - 水 …… 2カップ
  - コチュジャン …… 大さじ1・1/2
  - しょうゆ、にんにく（すりおろし）…… 各小さじ1/2
  - 鶏ガラスープの素 …… 小さじ2

作り方

1. 豆腐は6〜8等分に切る。まいたけは小さめにほぐし、しめじは根元を切り落としてほぐす。長ねぎは1cm厚さの斜め切り、にらは4cm長さに切る。
2. 鍋にごま油を中火で熱し、1の長ねぎ、きのこ類を1〜2分炒める。
3. 白菜キムチ、混ぜ合わせたA、豚肉、豆腐を加え、煮立ったら弱火にしてふたをし、3分ほど煮る。にらを加えて中火でひと煮する。

組み合わせはコレ！ いかとブロッコリーのバジルガーリック炒め（p.64）

Column 2

カット野菜・冷凍野菜で使いきりレシピ

忙しくて時間がないときは野菜を準備するだけでも大変！　そんなときに便利なのが市販のカット炒め野菜や冷凍野菜。使いきりサイズでムダがなく、手軽に数種類の野菜がバランスよくとれます。これらを活用したイチ押しレシピをご紹介。

食べたいときにレンチンするだけ！

豚しゃぶと蒸し野菜のごまだれかけ

材料（2人分）

豚肩ロースしゃぶしゃぶ用肉 ………… 150g
カット炒め野菜ミックス ….. 1パック（300g）
酒 …………………………………… 大さじ1
塩 ……………………………………… 少々
ごまだれ（市販） ………………………… 適量

作り方

1. 耐熱容器にカット炒め野菜ミックスを入れ、上に豚肉を広げてのせ、全体に酒、塩をふりかける。
2. ふんわりとラップをかけ、電子レンジで肉の色が変わり、野菜がしんなりするまで6〜7分加熱する。ごまだれをかける。

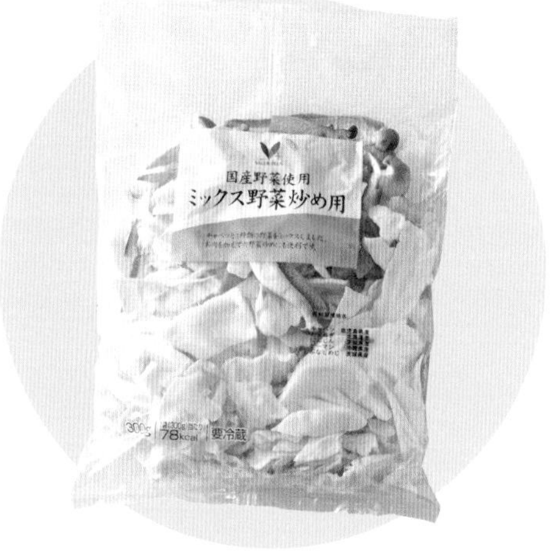

カット炒め野菜ミックス

焼きそばや焼きうどん、ラーメンの具などのめんもの、スープやみそ汁、鍋などにも幅広く使えます。

1食あたり

野菜量	エネルギー	食物繊維量
150g	248kcal	3.0g

野菜が切ってあるから食べやすい

えびとサラダ野菜の生春巻き

カットサラダ野菜ミックス

サラダ以外ならお好み焼きやオムレツの具にも◎。

材料（2人分量）

蒸しえび……12尾
サラダチキン（市販）……½枚
カットサラダ野菜ミックス……小2パック（160g）
生春巻きの皮……4枚
A｜スイートチリソース、ナンプラー……各適量

作り方

1 サラダチキンは1cm厚さに切り、幅を2〜3等分にして細長いスティック状に切る。

2 まな板の上に濡らしてしっかりと絞ったペーパータオルをのせ、上に生春巻きの皮を水にくぐらせて1枚ずつもどしてのせる。生春巻きの皮が7割ほどもどったら、手早くカットサラダ野菜ミックス、えび、1をのせて巻く。全部で4個作る。

3 器に2を盛り、混ぜ合わせたAをつけて食べる。

低カロリー

1食あたり

野菜量	エネルギー	食物繊維量
80g	139kcal	2.4g

野菜をトマトソースに加えたら煮すぎないのがコツ！

ウインナーと冷凍ミックス野菜のトマトソースペンネ

材料（3～4人分）

ウインナー……………………………………………4本
冷凍野菜洋風ミックス………………1パック（300g）
トマトソース缶（市販）……………………1缶（290g）
ペンネなどショートパスタ……………………150g
塩……………………………………………………少々
粉チーズ……………………………………………適量

作り方

1. ペンネは沸騰した湯に塩（分量外）を加え、表示時間通りゆで、ざるに上げる。
2. ウインナーは斜め3～4等分に切る。
3. フライパンにトマトソースを入れて中火で混ぜながら煮立たせる。2、凍ったままの冷凍野菜洋風ミックスを加え、再び煮立ったら混ぜながら3～4分煮る。
4. 3に1を加えてひと混ぜし、塩で味をととのえる。器に盛り、粉チーズをかける。

冷凍野菜洋風ミックス

カレーやグラタン、スープにもおすすめ！

1食あたり

野菜量	エネルギー	食物繊維量
75g	254kcal	5.8g

Part.3

野菜モリモリ！主食でワンプレート

カレーライスや焼きそば、サンドイッチなど主菜を兼ねるワンプレートだと、
栄養が偏ったり野菜がどうしても少なくなりがち。
でもここでご紹介する主食は、野菜がモリモリ食べられて
栄養のバランスもバッチリなメニューです。
組み合わせる副菜とスープも一度にたくさんの野菜がとれる
レシピを中心に集めました。

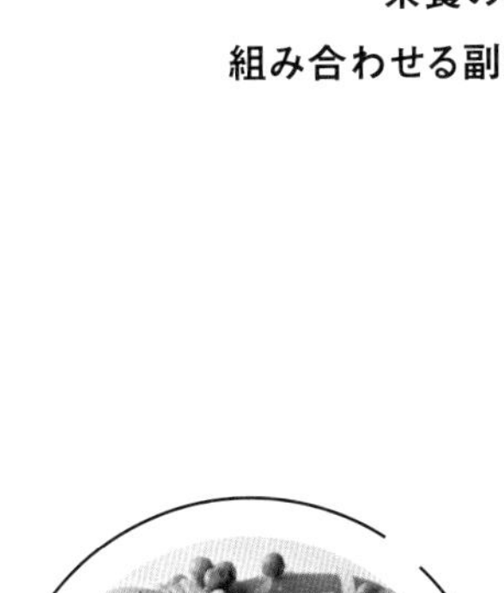

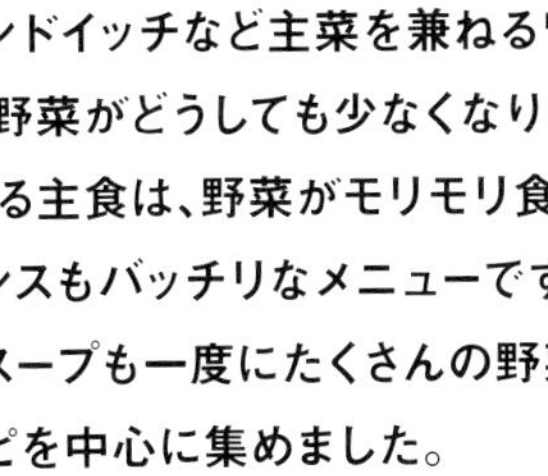

温野菜も生野菜も飽きずに食べられるセットメニュー！

ほうれん草入りキーマカレーワンプレート

すぐできる

サラダ菜とスプラウトのアボカドシーザーサラダ⇒ p.93
1人分

オレンジ 2切れ

ごはん 150g

作りおき

ほうれん草入りキーマカレー⇒ p.81
1人分

1食あたり

野菜量	エネルギー	食物繊維量
310g	662kcal	12.1g

高食物繊維

作りおき　みんな大好きなカレーが野菜のうまみでよりおいしい！

ほうれん草入りキーマカレー

高食物繊維

冷蔵２～３日間／冷凍２週間

材料（4人分）

合いびき肉……280g
ほうれん草……1・½把（300g）
玉ねぎ……1・½個（300g）
トマト……1個（200g）
オリーブ油……大さじ½
薄力粉……大さじ1
A
- 水……1カップ
- カレー粉……大さじ3・½
- ウスターソース……大さじ2・½
- 塩……小さじ1
- しょうが、にんにく（すりおろし）……各小さじ½

温かいごはん（食べるとき）……茶碗4杯分（600g）

作り方

1. ほうれん草は沸騰した湯で30～40秒ゆで、冷水にとって水けをよく絞り、1～2cm幅に切る（アクが気にならなければゆでなくてもよい）。玉ねぎはみじん切りにする。トマトはざく切りにする。
2. フライパンを中火で熱し、ひき肉を入れて炒め、脂が出てきたらペーパータオルでふき取る。オリーブ油、1の玉ねぎを加えて3～4分炒め、薄力粉をふり入れ、軽く炒め合わせる。
3. トマト、ほうれん草、Aを加え、煮立ったら弱火にしてふたをし、ときどき混ぜながら5分ほど煮る。汁けが多ければふたを取り、中火で軽く煮つめる。食べるときにごはんにかける。

1食あたり

野菜量	エネルギー	食物繊維量
200g	466kcal	8.1g

アレンジ！

パパッとできるのに
栄養満点！

ほうれん草入りキーマカレーうどん

10分

材料（2人分）

ほうれん草入りキーマカレー（上記参照）……2人分
ゆでうどん……2玉

作り方

1. 耐熱容器にうどんを入れ、ふんわりとラップをかけて電子レンジで（パッケージの表示時間通りに）加熱して温める。
2. 器に1を盛り、ほうれん草入りキーマカレーをかける。

1食あたり

野菜量	エネルギー	食物繊維量
200g	422kcal	8.4g

高食物繊維

具だくさん焼きそばにごぼうスープを添えれば完ぺき！

トマト入り豚焼きそばワンプレート

作りおき

ささがきごぼうの中華風ピリ辛スープ⇒ p.98
1人分

すぐできる

トマト入り豚焼きそば⇒ p.83
1人分

1食あたり

野菜量	エネルギー	食物繊維量
310g	616kcal	12.9g

高食物繊維

すぐできる

トマトは最後に加えてさっと炒めるのがコツ！

トマト入り豚焼きそば

10分

高食物繊維

材料（2人分）

中華蒸しめん（焼きそば用）……………… 2玉
豚こま切れ肉 ………………………………… 150g
キャベツ ……………… $\frac{1}{8}$〜$\frac{1}{6}$個（150〜200g）
ピーマン ………………………………… 2個（70g）
にんじん ……………………………… $\frac{1}{4}$本（50g）
トマト ……………………………… 小1個（150g）
ごま油 …………………………………… 小さじ2
A 中濃ソース ………………… 大さじ2・$\frac{1}{2}$
A しょうゆ、鶏ガラスープの素 …………………………… 各小さじ1
※Aの替わりに付属のソースでもOK！

作り方

1. 蒸しめんは袋（電子レンジOKの場合）の端を少し切り、耐熱皿にのせて電子レンジで40〜50秒加熱する。
2. キャベツはざく切り、ピーマンは8㎜幅の細切りにする。にんじんは短冊切り、トマトは2㎝角に切る。
3. フライパンにごま油を中火で熱し、豚肉、にんじんを炒め、肉の色が変わったらキャベツ、ピーマンの順に加えて炒め合わせる。
4. 野菜がしんなりしてきたら、1の蒸しめんを加え、ほぐしながら炒める。A、トマトを加えてさっと炒め合わせる。

1食あたり

野菜量	エネルギー	食物繊維量
210g	511kcal	8.4g

アレンジ！

卵はスクランブルエッグにしてもOK！

オム野菜焼きそば

15分

材料（2人分）

トマト入り豚焼きそば（上記参照）…………… 2人分
オリーブ油 …………………………………… 小さじ1
A 卵 ……………………………………………… 2個
A 牛乳 …………………………………………… 小さじ2
A 塩 ……………………………………………… 少々

作り方

1. Aを混ぜ合わせる。
2. フライパンにオリーブ油の半量を中火で熱し、1の半量を流し入れて手早く混ぜ、裏返して火を通し、薄焼き卵を作る。同様にもう1枚作る。
3. 器に「トマト入り豚焼きそば」を盛り、2をのせる。お好みでトマトケチャップをかける。

1食あたり

野菜量	エネルギー	食物繊維量
210g	610kcal	8.4g

高食物繊維

シャキシャキの歯ごたえがたまらない！ポタージュとも相性抜群

レタスぎゅうぎゅう卵サンドワンプレート

作りおき

かぼちゃとにんじんのポタージュ⇒ p.100

1人分

ミニトマト3個

すぐできる

レタスぎゅうぎゅう卵サンド⇒ p.85

1人分

1食あたり

野菜量	エネルギー	食物繊維量
273g	608kcal	9.6g

高食物繊維

すぐできる　レタスは軽くつぶして折りたためばたっぷりはさめます

レタスぎゅうぎゅう卵サンド

12分

材料（2人分）

- 食パン（8枚切り）……4枚
- レタス……⅔個（200g）
- ゆで卵……3個
- スライスチーズ……2枚
- マスタード……適量
- A
  - マヨネーズ……大さじ1・½
  - 塩……小さじ⅓〜½弱
  - こしょう……少々

作り方

1. レタスは水けをしっかりとふき、½量ずつペーパータオルに包んで軽くつぶす。ゆで卵はつぶして**A**と混ぜ、卵ペーストを作る。
2. 食パン2枚にそれぞれに卵ペーストを塗る。レタスをパンのサイズに合わせて折りたたんでのせ、チーズ、残りのパンの片面にマスタードを塗ってのせ、軽く押すようにしてはさむ。全部で2個作る。しっかりとラップやオーブンシートで包む（できれば冷蔵庫で20分ほどおいてなじませる）。
3. 2を半分に切る。

1食あたり

野菜量	エネルギー	食物繊維量
100g	473kcal	4.9g

アレンジ！

サンドイッチにすれば
きゅうり1本もペロリ！

きゅうりたっぷりツナサンド

12分

1食あたり

野菜量	エネルギー	食物繊維量
100g	440kcal	4.9g

材料（2人分）

- 食パン（8枚切り）……4枚
- きゅうり……2本（200g）
- ツナ水煮缶……小2缶（150g）
- スライスチーズ……2枚
- ハム……2枚
- マスタード……適量
- A
  - マヨネーズ……大さじ1〜1・½
  - 塩、こしょう……各少々

作り方

1. きゅうりは長さを半分に切ってから4㎜厚さに薄切りにし、水けをしっかりとふく。ツナ缶は缶汁をきり、**A**と混ぜ、ツナペーストを作る。
2. 食パン2枚にそれぞれにツナペーストを塗る。きゅうり、ハム、チーズの順にのせ、残りのパンの片面にマスタードを塗ってのせ、軽く押すようにしてはさむ。全部で2個作る。しっかりとラップやオーブンシートで包む（できれば冷蔵庫で20分ほどおいてなじませる）。
3. 2を半分に切る。

主食・作りおき

高食物繊維

1食あたり

野菜量	エネルギー	食物繊維量
175g	556kcal	6.2g

※ごはんを含む

☑ 冷蔵2〜3日間／冷凍2週間

トマトときのこのうまみが溶け出して美味！

ハッシュドビーフ

材料（4人分）

牛切り落とし肉……350g
玉ねぎ……1個（200g）
トマト……1個（200g）
マッシュルーム……8〜12個（150g）
まいたけ……1・½パック（150g）
にんにく（みじん切り）……1かけ
塩、粗びき黒こしょう……各少々
薄力粉……大さじ2
バター……10g
A
水……¾カップ
赤ワイン（または酒）……¼カップ
トマトケチャップ……大さじ3
ウスターソース……大さじ2・½
顆粒コンソメスープの素……小さじ2
ローリエ（あれば）……2枚
塩……少々
温かいごはん（食べるとき）…茶碗4杯分（600g）

作り方

1. 牛肉は大きければ4cm幅に切り、塩、粗びき黒こしょうを強めにふり、薄力粉をまぶす。玉ねぎ、マッシュルームは5〜8mm厚さの薄切り、まいたけはほぐす。トマトはざく切りにする。
2. 鍋にバターを中火で熱し、トマト以外の1、にんにくを入れて3〜4分炒める。肉の色が変わり、野菜がしんなりしてきたらA、トマトを加えて煮る。
3. 煮立ったら弱火にしてふたをし、ときどき混ぜながら20分ほど煮る。汁けが多ければふたを取り、軽く煮つめる。食べるときにごはんにかける。

組み合わせはコレ！ 塩もみレタスとわかめのおかか＆みょうがのせ（p.95）

15分

1食あたり

野菜量	エネルギー	食物繊維量
253g	559kcal	5.8g

カラフルな見た目で絶対食べたくなる♡

具だくさんガパオ風ごはん

材料（2人分）

鶏ひき肉 …… 150g
ピーマン …… 4個（140g）
パプリカ（赤） …… ½個（75g）
玉ねぎ …… ¼個（50g）
バジルの葉 …… 1枝
目玉焼き …… 2個
リーフレタス …… 2枚（40g）
きゅうり（斜め薄切り） …… 10枚（100g）
トマト（くし形切り） …… 4〜6切れ（100g）
サラダ油 …… 大さじ½
A
- ナンプラー …… 大さじ1・½〜1・⅔
- 酒 …… 大さじ1
- オイスターソース …… 小さじ2
- しょうが（すりおろし） …… 小さじ⅓

温かいごはん …… 茶碗2杯分（300g）

作り方

1 ピーマン、パプリカ、玉ねぎは1〜1.5cm角に切る。バジルは枝から葉の部分をちぎっておく。

2 フライパンにサラダ油を中火で熱し、ひき肉、玉ねぎを入れて2〜3分炒め、肉の色が変わってきたらパプリカ、ピーマンを加え、さらに3〜4分炒める。

3 2にAを加えて中火で煮からめ、バジルの葉を加えてひと混ぜして火を止める。

4 器にごはんを盛り、3、目玉焼きをのせ、リーフレタス、きゅうり、トマトを添える

組み合わせはコレ！ かぶの梅風味スープ（p.99）

低カロリー

1食あたり

野菜量	エネルギー	食物繊維量
100g	316kcal	3.0g

冷蔵2日間／冷凍2週間

同じにんじんでも大きさが違うと食感が変わる♪

にんじんとしめじの炊き込みごはん

材料（4人分）

- 米……2合
- にんじん……小2本（300g）
- しめじ……1パック（100g）
- 油揚げ……$\frac{1}{2}$枚
- ちりめんじゃこ……20g
- A しょうゆ……大さじ2
- A 酒……大さじ1

作り方

1 米はといで炊飯器に入れ、通常の水加減にする。30分吸水させ、水大さじ3を捨てる。

2 にんじんは皮をむいてへたを取り、長さを半分に切ってから縦半分に切る。しめじはほぐす。油揚げは縦半分に切ってから5㎜幅に切る。

3 1にAを加えて混ぜ、油揚げ、しめじをのせて上ににんじんを並べる。炊き込み（または普通）モードで炊く。炊き上がったらちりめんじゃこを加え、にんじんの半分をくずしながらほぐし混ぜ、残りの半分はそのままごはんにのせる。食べるときにお好みで粉山椒をかける。

組み合わせはコレ！ キャベツとにらの豚キムチ炒め（p.59）

1食あたり

野菜量	エネルギー	食物繊維量
100g	353kcal	3.4g

冷蔵2日間／冷凍2週間

コンソメ風味が新鮮！根菜もホクホク！

根菜の炊き込みピラフ

材料（4人分）

- 米……2合
- れんこん……約$\frac{2}{3}$節（130g）
- ごぼう……$\frac{3}{4}$本（120g）
- 玉ねぎ……小1個（150g）
- スライスベーコン……3枚
- A 顆粒コンソメスープの素……小さじ3
- A 塩……小さじ$\frac{1}{4}$
- A 白ワイン（または酒）……大さじ1
- 塩……小さじ$\frac{1}{4}$
- バター……5g

作り方

1 米はといで炊飯器に入れ、通常の水加減にする。30分吸水させ、水大さじ3を捨てる。

2 れんこんは8㎜厚さの半月切りにし、ごぼうは皮をこそげて4㎝長さに切り、太いところは縦半分に切る。それぞれさっと水にさらして水けをきる。玉ねぎは縦4～6等分にし、ベーコンは3㎝幅に切る。

3 1にAを加えて混ぜ、2の具を上に並べる。具の上に塩をふり、バターをちぎってのせる。炊き込み（または普通）モードで炊く。炊き上がったら、ほぐし混ぜる。

組み合わせはコレ！ ひき肉と野菜のチリスープ（p.99）

10分

1食あたり

野菜量	エネルギー	食物繊維量
175g	362kcal	4.0g

トマトのリコピンは加熱すると吸収率がアップ！

トマトたっぷりリゾット

材料（2人分）

- トマト……小2個(300g)
- 玉ねぎ……¼個(50g)
- にんにく(みじん切り)…1かけ
- スライスベーコン…2枚
- オリーブ油……大さじ1
- A
  - 水……½カップ
  - 顆粒コンソメスープの素……小さじ1
  - 塩、粗びき黒こしょう……各少々
- 温かいごはん……250g
- 粉チーズ……大さじ2
- パセリ(みじん切り)……小さじ2

作り方

1. 玉ねぎはみじん切りにする。トマトはざく切りにする。ベーコンは1.5㎝幅に切る。
2. フライパンにオリーブ油、1の玉ねぎとベーコン、にんにくを入れて中火で1〜2分炒める。香りが出てきたらトマト、Aを加えて煮る。
3. 煮立ったらごはんを加えて軽く混ぜ、弱火にしてふたをし、途中ときどき静かに混ぜながら5分ほど煮る。粉チーズを混ぜて火を止める。器に盛り、パセリをちらす。

組み合わせはコレ！ ブロッコリー入りポテトサラダ (p.94)

10分

1食あたり

野菜量	エネルギー	食物繊維量
175g	440kcal	5.6g

めんが半量でも野菜たっぷりだから腹持ちよし！

もやし＆にら入り ハーフ焼きそば

材料（2人分）

- 中華蒸しめん(焼きそば用)……1玉
- 豚バラ薄切り肉……120g
- もやし……1袋(200g)
- にら……1把(100g)
- 長ねぎ……½本(50g)
- ごま油……大さじ1
- 塩、こしょう……各少々
- A
  - しょうゆ……大さじ1
  - 鶏ガラスープの素……小さじ1・½
  - 塩、こしょう…各少々

作り方

1. 蒸しめんは袋(電子レンジOKの場合)の端を少し切り、耐熱皿にのせて電子レンジで40〜50秒加熱する。
2. 豚肉は4㎝長さに切り、塩、こしょうをする。にらは4㎝長さに切り、長ねぎは斜め薄切りにする。
3. フライパンにごま油を中火で熱し、2の豚肉、長ねぎを加え、肉の色が変わるまで2分ほど炒める。もやし、1の蒸しめんを順に加え、ほぐしながら炒める。にら、Aを加えて炒め合わせる。

組み合わせはコレ！ 蒸しなすのごまあえ (p.68)

主食・作りおき

1食あたり

野菜量	エネルギー	食物繊維量
175g	545kcal	6.8g

冷蔵2～3日間／冷凍2週間

※スパゲッティを含む

みじん切り野菜のやさしい甘みが光る！

野菜たっぷりミートソースパスタ

材料（4人分）

- 合いびき肉……400g
- 玉ねぎ……½個（100g）
- セロリ……1本（100g）
- にんじん……½本（100g）
- トマト……2個（400g）
- にんにく（みじん切り）…2かけ
- オリーブ油……大さじ½
- A
  - 水……¼カップ
  - 赤ワイン（または酒）……大さじ2
  - 塩……小さじ½～⅔
- 粉チーズ……大さじ3
- スパゲッティ（1.6㎜・食べるとき）……320g

作り方

1. 玉ねぎ、セロリ、にんじんはみじん切りにする。トマトはざく切りにする。
2. フライパンにひき肉を入れて中火で炒め、脂が出てきたらペーパータオルでふき取る。オリーブ油、にんにく、トマト以外の1を加え、しっとりするまで4～5分炒める。
3. 2にA、トマトを加えて混ぜ、煮立ったらふたをして弱火でときどき混ぜながら20分ほど煮る。粉チーズを加えて混ぜ、火を止める。
4. 食べるときに沸騰した湯に塩（分量外）を加え、スパゲッティを表示時間通りゆでて、ざるに上げる。フライパンで3を中火で温め、スパゲッティを加えて30秒ほど炒め合わせる。

組み合わせはコレ！ れんこんとパプリカのピクルス（p.122）

1食あたり

野菜量	エネルギー	食物繊維量
110g	413kcal	7.3g

冷蔵2日間／冷凍2週間

美肌効果が期待できるおいしい組み合わせ

えびとアスパラのフジッリ

材料（4人分）

- フジッリなどショートパスタ……250～300g
- むきえび……200g
- アスパラガス……12本（240g）
- グリーンピース（冷凍）……1カップ（100g）
- 玉ねぎ……½個（100g）
- にんにく（みじん切り）…2かけ
- オリーブ油……大さじ4
- A
  - 水……¼カップ
  - 白ワイン（または酒）……大さじ2
- B
  - パスタのゆで汁……大さじ4
  - しょうゆ…大さじ1・½

作り方

1. アスパラガスは根元のかたい皮⅓程度をピーラーで薄くむき、半分は細く斜めに切り、残りは4～5等分の長さに切る。玉ねぎは薄切りにする。えびは背わたを除き、しっかりと水けをふく。
2. フライパンにオリーブ油の半量、玉ねぎ、にんにくを入れて弱火で温め、香りが出てきたら1のアスパラガス、えび、グリーンピースをさっと炒める。中火にしてAを加え、ふたをして途中グリーンピースを半分つぶしながら4～5分煮て火を止める。
3. 沸騰した湯に塩（分量外）を加え、パスタを表示時間通りゆでて、ざるに上げる。
4. 2に3と残りのオリーブ油、Bを加え、中火で30秒～1分炒め合わせる。

組み合わせはコレ！ 大きなにんじんのツナのせサラダ（p.94）

高食物繊維

8分

1食あたり		
野菜量	エネルギー	食物繊維量
150g	441kcal	9.1g

めんは洗うだけ、具材は切ってのせるだけ！

具だくさんサラダそば

材料（2人分）

ゆでそば（水洗いで食べられるタイプ）……2玉
サラダチキン（またはp.63の蒸し鶏）……1パック（100g）
水菜……4〜5株（80〜100g）
大根……約2.5cm（60g）
かいわれ菜…1パック（50g）
ミニトマト……6個（60g）
ホールコーン缶……1/4缶（50g）
A めんつゆ（2倍濃縮）……大さじ4
A 酢、オリーブ油……各大さじ1
A こしょう……少々

作り方

1. サラダチキンは8mm厚さに切ってから1.5〜2cm幅の細切りにする。水菜は4cm長さに切る。大根はせん切りにし、水にさっとさらして水けをきる。ミニトマトは縦半分に切る。かいわれ菜は根元を切り落とし、長さを半分に切る。コーンは汁けをきる。
2. ゆでそばは流水でさっと洗い、水けをよくきる。
3. 器に2、1を盛り、混ぜ合わせたAをかける。お好みでマヨネーズをかける。

組み合わせはコレ！ ほうれん草どっさりの卵焼き（p.68）

10分

1食あたり		
野菜量	エネルギー	食物繊維量
100g	406kcal	5.6g

塩もみすれば野菜がたっぷりとれる

塩もみキャベツとコンビーフのチーズトースト

材料（2人分）

食パン（4枚切り）……2枚
キャベツ……1/6個（200g）
コンビーフ（低脂肪タイプ）……60g
塩……小さじ1/4
マスタード……適量
溶けるチーズ……60g

作り方

1. キャベツはせん切りにし、塩をまぶして軽くもみ、水けをしっかりと絞る。
2. アルミホイルにパンをのせ、1をのせてマスタードをかけ、コンビーフ、チーズの順にのせる。全部で2個作る。
3. チーズが溶けるまでオーブントースターで3〜5分焼く。

組み合わせはコレ！ ラタトゥイユ（p.92）

副菜・作りおき

1食あたり

野菜量	エネルギー	食物繊維量
278g	106kcal	3.8g

☑ 冷蔵２～３日間 / 冷凍２週間

野菜から出る水分で煮るからやさしい味わい！

ラタトゥイユ

材料（4人分）

トマト……2個（400g）
ズッキーニ……1本（200g）
玉ねぎ……1個（200g）
なす……2本（160g）
パプリカ（黄）……1個（150g）
にんにく（みじん切り）……1かけ
オリーブ油……大さじ1・1/2
A
- 白ワイン（または酒）……大さじ2
- 塩……小さじ2/3
- 粗びき黒こしょう……少々
- ローリエ（あれば）……2枚

作り方

1 トマトはざく切り、ズッキーニ、なすは半月切り、玉ねぎは1.5～2cm角に切る。パプリカは乱切りにする。

2 鍋にオリーブ油を中火で熱し、トマト以外の1、にんにくを加え、油が全体にまわるまで3分ほど炒める。

3 2にトマト、Aを加え、煮立ったら弱火にしてふたをし、ときどき混ぜながら20分ほど煮る。

組み合わせはコレ！ レタスぎゅうぎゅう卵サンド（p.85）

8分

1食あたり

野菜量	エネルギー	食物繊維量
110g	180kcal	3.7g

脇役になりがちなサラダ菜とスプラウトが主役！

サラダ菜とスプラウトの アボカドシーザーサラダ

材料（2人分）

サラダ菜 ……………… 1株（90g）
ブロッコリースプラウト（アルファルファ）
……………… 1パック（50g）
アボカド ……………… 小1個（80g）
クルトン ……………… 適量
粉チーズ ……………… 大さじ1〜1・½
粗びき黒こしょう ……………… 適量

A
マヨネーズ ……………… 大さじ1・½
牛乳 ……………… 大さじ1
粉チーズ ……………… 大さじ½
にんにく（すりおろし） ……………… 小さじ¼
塩 ……………… 少々

作り方

1. サラダ菜は手でちぎる。ブロッコリースプラウトは根元があれば切り落とす。アボカドは縦半分に切って種を除き、1cm幅に切る。
2. 器に1を盛り合わせ、クルトンをちらす。
3. 混ぜ合わせたA、粉チーズ、粗びき黒こしょうをかける。

組み合わせはコレ！ 鶏むね肉と野菜のトマト煮込み (p.53)

1食あたり		
野菜量	エネルギー	食物繊維量
138g	144kcal	3.1g

☑ 冷蔵2～3日間／冷凍NG

高食物繊維

1食あたり		
野菜量	エネルギー	食物繊維量
38g	134kcal	7.1g

☑ 冷蔵3日間／冷凍NG

迫力満点の食べごたえ！ツナディップともマッチ

大きなにんじんの ツナのせサラダ

材料（4人分）

にんじん……小3本(450g)	A	マヨネーズ…大さじ3
玉ねぎ………½個(100g)		パセリ(みじん切り)……………大さじ1～2
ツナ水煮缶…小1缶(70g)		フレンチマスタード(あれば)……小さじ1
塩、粗びき黒こしょう……………各少々		塩………………少々
オリーブ油……大さじ1		

作り方

1. にんじんはへたを切り落とし、縦半分に切る。1個ずつふんわりとラップに包み、電子レンジで4分ほど加熱する。裏返してラップをしたままさらに3～4分加熱する。玉ねぎは8㎜～1㎝角に切る。
2. フライパンにオリーブ油を中火で熱し、1を入れる。にんじんは両面に焼き色をつくまで焼く。玉ねぎはフライパンの空いているところで軽く混ぜながら火を通す。全体に塩、粗びき黒こしょうをふる。
3. ツナ缶は缶汁をきり、A、2の玉ねぎと混ぜ合わせてツナディップにする。食べるときに2のにんじんにのせて食べる。

組み合わせはコレ！ トマトたっぷりリゾット（p.89）

カラフル野菜で栄養バランスがアップ！

ブロッコリー入りポテトサラダ

材料（4人分）

じゃがいも……小2個(250g)	A	マヨネーズ…………大さじ3～4
ブロッコリー……½株(100g)		レモン汁……小さじ1
にんじん…………¼本(50g)		塩……小さじ⅓～¼
スライスハム……………3枚		こしょう…………少々

作り方

1. じゃがいもは1個を4～6等分に切り、さっと水にさらす。にんじんはいちょう切りにする。鍋にじゃがいも、かぶるくらいの水（分量外）を入れ、水からゆでる。3分ほどしたらにんじんを加え、にんじんは8～10分、じゃがいもは12分ほど、竹串がすっと通るまでゆでる。ざるに上げて水けをきり、熱いうちにじゃがいもはかたまりが少し残る程度に手早くつぶす。
2. ブロッコリーは小房に分ける。沸騰した湯（分量外）で2～3分ゆで、ざるに上げてしっかりと水けをきる。
3. ハムは長さを半分に切ってから8㎜幅に切る。
4. 混ぜ合わせたAで1、2、3をあえる。

組み合わせはコレ！ トマトの煮込みハンバーグ（p.21）

低カロリー

8分

1食あたり

野菜量	エネルギー	食物繊維量
140g	36kcal	2.9g

高食物繊維

8分

1食あたり

野菜量	エネルギー	食物繊維量
165g	147kcal	6.4g

海藻はミネラル豊富！積極的にとって

塩もみレタスとわかめの おかか & みょうがのせ

材料（2人分）

レタス ………………………… ⅔個（200g）
わかめ（乾燥） ………… 3～4g（水でもどして50g）
みょうが ………………………… 2個（30g）
塩 ………………………… 小さじ¼
オリーブ油 ………………………… 小さじ½
かつお節 ………………………… 2g
ポン酢しょうゆ ………………………… 適量

作り方

1 レタスは手でちぎり、塩をまぶして軽くもみ、水けを絞る。わかめは水でもどして水けをきり、3～4cm長さの食べやすい大きさに切る。みょうがは薄い小口切りにし、さっと水にさらして水けを絞る。

2 1のレタスとわかめをオリーブ油であえ、器に盛る。

3 2にみょうが、かつお節をのせ、ポン酢しょうゆをかける。

組み合わせはコレ！ トマト入り豚焼きそば（p.83）

食物繊維やオリゴ糖が豊富な腸活おかず

長いもの納豆 & オクラのせ

材料（2人分）

長いも ………………………… 直径5.5cm×6cm（150g）
オクラ ………………………… 10～12本（100g）
納豆 ………………………… 2パック（80g）
韓国のり ………………………… 4枚
めんつゆ（2倍濃縮） ………………………… 小さじ2

作り方

1 長いもはせん切りにし、器に盛る。

2 オクラは塩（分量外）をふって板ずりし、うぶ毛を取る。沸騰した湯で40秒～1分ゆで、冷水にさらして水けをきり、小口切りにする。

3 1に2、納豆をのせてめんつゆをかけ、ちぎった韓国のりをのせる。

＊付属の納豆のたれを使う場合、めんつゆを使わず、あらかじめ納豆と混ぜてもよい

組み合わせはコレ！ にんじんとしめじの炊き込みごはん（p.88）＋筑前煮（p.112）

高食物繊維

1食あたり

野菜量	エネルギー	食物繊維量
100g	112kcal	4.0g

冷蔵2〜3日間／冷凍NG

1食あたり

野菜量	エネルギー	食物繊維量
135g	119kcal	3.0g

冷蔵2〜3日間／冷凍NG

たんぱく質もとれるおしゃれなマリネ

スナップえんどうとグリーンピースのマリネ

材料（4人分）

スナップえんどう ……… 20〜25さや（200g）
グリーンピース（冷凍） …………… 1カップ（100g）
玉ねぎ ………… 1/2個（100g）

A
オリーブ油 … 大さじ2
酢 …………… 大さじ1
粒マスタード（あれば） ……………… 大さじ1/2
塩 …………… 小さじ1/2
粗びき黒こしょう … 少々

作り方

1. スナップえんどうはへたと筋を取り、沸騰した湯で1〜2分ゆでて冷水にとり、水けをきって大きければ斜め半分に切る。
2. グリーンピースは沸騰した湯（分量外）に凍ったまま入れて1分ほどゆで、水けをきる。玉ねぎは薄切りにし、沸騰した湯で10秒ほどゆでて冷水にとり、水けをしっかりと絞る。
3. 混ぜ合わせたAで1、2をあえる。

組み合わせはコレ！ えのきのピリ辛つくね（p.64）

ほっこりするしみじみ煮物

かぶとかぼちゃの油揚げ入り煮物

材料（4人分）

かぶ …………… 4個（320g）
かぼちゃ ……… 1/10個（120g）
さやいんげん ………… 14〜15本（100g）
油揚げ ………………… 2枚

A
だし汁 …… 1・1/2カップ
しょうゆ、みりん、酒 ……… 各大さじ1・1/2
砂糖 ………… 小さじ1
塩 ……………… 少々

作り方

1. かぶは皮をむいて4〜6等分のくし形切りにする。かぼちゃは3〜4cm角に切る。さやいんげんは長さを2〜3等分に切る。油揚げは1枚を6〜8等分に切る。
2. 鍋にさやいんげん以外の1、Aを入れて中火にかけ、煮立ったら弱火にしてふたをし、5分ほど煮る。
3. さやいんげんを加え、全部の野菜に火が通るまで5分ほど煮る。

組み合わせはコレ！ 薬味たっぷりかつおのたたき（p.35）

低カロリー

5分

1食あたり

野菜量	エネルギー	食物繊維量
108g	71kcal	1.2g

10分

1食あたり

野菜量	エネルギー	食物繊維量
150g	105kcal	2.5g

冷やしトマトに飽きたらぜひ！

トマトのマヨポンがけ

材料（2人分）

- トマト……1個（200g）
- みょうが……1個（15g）
- かつお節……3〜4g
- ポン酢しょうゆ、マヨネーズ……各適量

作り方

1. トマトは縦半分に切り、8㎜厚さの薄切りにする。みょうがは薄い小口切りにし、水にさっとさらして水けを絞る。
2. 器に1のトマトを盛ってみょうがをちらし、ポン酢しょうゆ、マヨネーズをかけ、かつお節をのせる。

組み合わせはコレ！ ／ えびとアスパラのフジッリ（p.90）

セロリの香りにはイライラを静める作用が

セロリとチンゲン菜のザーサイあえ

材料（2人分）

- チンゲン菜……2株（200g）
- セロリ……1本（100g）
- ザーサイ（味付き）……20g
- A ごま油……大さじ1・½
- A しょうゆ、いりごま（白）……各小さじ1

作り方

1. セロリは太い部分を縦半分に切ってから、斜め薄切りにする。
2. チンゲン菜は沸騰した湯で40秒〜1分ゆでて冷水にとり、水けを絞って3〜4㎝長さに切る。ザーサイは粗く刻む。
3. 混ぜ合わせたAで1、2をあえる。

組み合わせはコレ！ ／ 小松菜入り焼きギョウザ（p.51）

高食物繊維

1食あたり

野菜量	エネルギー	食物繊維量
275g	353kcal	5.0g

☑ 冷蔵2〜3日間／冷凍NG

鶏肉から出るだしが野菜にしみしみ！

鶏手羽元と野菜のポトフ

材料（4人分）

- 鶏手羽元 ……………… 8本
- ウインナー …………… 8本
- キャベツ……… ½個(600g)
- にんじん ……… 1本(200g)
- 玉ねぎ ………… 1個(200g)
- セロリ ………… 1本(100g)
- 塩、こしょう ……… 各少々
- オリーブ油 ……… 小さじ1

A

- 水 ……………… 4カップ
- ローリエ(あれば) ……………… 3〜4枚
- 顆粒コンソメスープの素 ……………… 小さじ4
- 粗びき黒こしょう、塩 ……………… 各少々

作り方

1. 鶏手羽元に塩、こしょうをまぶす。キャベツと玉ねぎはくし形切り、セロリとにんじんは5cm長さ程度に縦2〜4等分に切る。
2. 鍋にオリーブ油を中火で熱し、1の鶏手羽元を入れて4分ほど焼いて焼き色をつける。野菜も形がくずれないように鍋に入れ、ウインナーも加える。
3. Aを加えて中火にかけ、煮立ったら弱火にしてふたをし、20〜25分煮る。食べるときにお好みで粒マスタードを添える。

組み合わせはコレ！ トマトのマヨポンがけ (p.97)

高食物繊維

1食あたり

野菜量	エネルギー	食物繊維量
100g	105kcal	4.5g

☑ 冷蔵2日間／冷凍NG

ごぼうのオリゴ糖で腸内環境が整う

ささがきごぼうの中華風ピリ辛スープ

材料（4人分）

- 豚ひき肉 ……………… 100g
- ごぼう ………… ⅔本(100g)
- えのきたけ … 1パック(100g)
- しいたけ ……… 10個(100g)
- 長ねぎ ………… 1本(100g)

A

- 水 ……… 3・½カップ
- オイスターソース ………… 大さじ1・½
- 鶏ガラスープの素 ……………… 大さじ1
- 豆板醤 …… 小さじ2
- にんにく(すりおろし) ……………… 小さじ½

作り方

1. ごぼうは皮を包丁の背などで軽くこそげてささがきにし、水にさっとさらして水けをきる。えのきたけは根元を切り落とし、長さを2〜3等分にする。しいたけは石づきを除き、5mm幅の薄切りにする。長ねぎは斜め5mm幅に切る。
2. 鍋にひき肉、1、Aを入れて中火にかけ、煮立ったら弱火にしてふたをし、12〜15分煮る。

組み合わせはコレ！ にんじんとしめじの炊き込みごはん (p.88)

低カロリー

1食あたり

8分

野菜量	エネルギー	食物繊維量
105g	29kcal	2.2g

1食あたり

15分

野菜量	エネルギー	食物繊維量
110g	223kcal	3.9g

かぶの葉は栄養の宝庫！捨てずに使って

かぶの梅風味スープ

材料（2人分）

かぶ……………………2個（160g）
かぶの葉……………………50g
梅干し（手でちぎる）……………………2個（20g）
A だし汁……………………1・¾カップ
A しょうゆ……………………小さじ1

作り方

1 かぶは皮をむいて縦半分に切り、5㎜厚さの半月切りにする。かぶの葉は2㎝長さに切る。

2 鍋に梅干し、A、1のかぶを入れて中火にかける。煮立ったら弱火にしてふたをし、3〜4分煮る。

3 かぶの葉を加え、1分煮て火を止める。

組み合わせはコレ！ 麻婆トマトなす（p.34）

トマトジュースを使ったお手軽スープ

ひき肉と野菜のチリスープ

材料（2人分）

合いびき肉……………100g
玉ねぎ……………⅓個（70g）
パプリカ（黄）…1個（150g）
大豆水煮……………50g
にんにく（みじん切り）……………1かけ
オリーブ油……小さじ1
A 水……………1カップ
A トマトジュース（無塩）……………¾カップ
A 顆粒コンソメスープの素……………小さじ1
A チリパウダー……………小さじ½（または一味唐辛子…小さじ¼）
A 塩……………少々

作り方

1 玉ねぎはみじん切り、パプリカは1〜1.5㎝角に切る。

2 鍋にオリーブ油を中火で熱し、ひき肉、1、にんにくを入れ、全体に油がまわるまで2〜3分炒める。

3 2にA、大豆を加え、煮立ったら弱火でふたをして10〜12分煮る。

組み合わせはコレ！ いかとブロッコリーのバジルガーリック炒め（p.64）

1食あたり

野菜量	エネルギー	食物繊維量
250g	204kcal	3.4g

冷蔵 2~3 日間 / 冷凍 NG

大根の大量消費におすすめ！

大根とベーコンの和風スープ

材料 (4人分)

大根 ………… 4/5～3/4本(800g)
玉ねぎ ………… 1個(200g)
ブロックベーコン ………… 300g
A だし汁 ………… 5カップ
A 酒 ………… 大さじ2
A 塩 ………… 少々
ゆずこしょう ………… 小さじ1/2

作り方

1. 大根は1.5～2cm厚さの半月切り、玉ねぎはくし形切りにする。
2. ベーコンは厚さを8mm～1cmに切ってから、3～4cm幅に切る。
3. 鍋にA、1を入れて中火にかけ、煮立ったら弱火にしてふたをし、大根に竹串が通るまで15分ほど煮る。
4. 3に2を加えてふたをし、さらに野菜がやわらかくなるまで15分ほど煮る（途中水分が足りなくなったら水1/4～1/2カップを足す）。食べるときにゆずこしょうを添える。

組み合わせはコレ！ / えびとブロッコリーのガリバタ炒め (p.35)

高食物繊維

1食あたり

野菜量	エネルギー	食物繊維量
143g	121kcal	4.1g

冷蔵 2~3 日間 / 冷凍 2 週間

肌の新陳代謝を高めてツヤ肌ゲット！

かぼちゃとにんじんのポタージュ

材料 (4人分)

かぼちゃ ………… 1/4個(300g)
にんじん ………… 1本(200g)
玉ねぎ ………… 1/3個(70g)
バター ………… 10g
A 水 ………… 1・1/2カップ
A 顆粒コンソメスープの素 ………… 小さじ1/2
A 塩 ………… 小さじ1/4
牛乳 ………… 3/4カップ
塩 ………… 少々

作り方

1. かぼちゃは2～3cm角に切り、皮を除く。にんじんは8mm厚さの輪切りにする。玉ねぎは薄切りにする。
2. 鍋にバターを弱火で熱し、1の野菜を入れて焦がさないよう、全体に油がまわるまで3～4分炒める。
3. Aを加え、煮立ったらふたをして弱火で野菜がへらで簡単につぶれる程度まで15分ほど煮る（途中水が足りなくなったら水1/4～1/3カップ足す）。
4. 3をフードプロセッサーやハンドミキサーでなめらかにつぶす（なければへらでつぶすだけでもOK）。牛乳を加えて中火で混ぜながら温め、塩で味をととのえる。

組み合わせはコレ！ / 焼き野菜のスパイシーバーガーサンド (p.107)

低カロリー

1食あたり

8分

野菜量	エネルギー	食物繊維量
118g	71kcal	1.4g

1食あたり

8分

野菜量	エネルギー	食物繊維量
160g	133kcal	3.9g

ふんわり卵がトマトの酸味と合う

トマトと長ねぎの卵スープ

材料(2人分)

トマト……1個(200g)
長ねぎ……1/3本(35g)
卵……1個
A 水……3/4カップ
A 顆粒コンソメスープの素……小さじ1
A 塩、こしょう……各少々

作り方

1. トマトは2cm角に切る。長ねぎは薄い小口切りにする。卵は溶きほぐす。
2. 鍋にA、長ねぎを入れて中火にかけ、煮立ったらトマトを加える。
3. 再び煮立ったら1の溶き卵をまわし入れ、ふわっと浮いてきたらひと混ぜして火を止める。器に盛り、お好みで粗びき黒こしょうをかける。

組み合わせはコレ!　小松菜たっぷり豚のコーンバター焼き (p.23)

仕上げに小ねぎをたっぷりちらしても

玉ねぎとにんじんのコーンスープ

材料(2人分)

ホールコーン缶……3/5缶(120g)
玉ねぎ……1/2個(100g)
にんじん……1/2本(100g)
ハム……2枚
ごま油……小さじ1
A 水……2カップ
A 鶏ガラスープの素……小さじ1・1/2
A 塩、こしょう…各少々

作り方

1. 玉ねぎは薄切り、にんじんはせん切り、ハムは長さを半分にしてから細切りにする。コーンは缶汁をきる。
2. 鍋にごま油を中火で熱し、1を入れて野菜がしんなりするまで3分ほど炒める。
3. 2にAを加えて煮立ったら、弱火にしてふたをし、ときどき混ぜながら5分ほど煮る。

組み合わせはコレ!　鮭ときのこのレモンバターじょうゆ焼き (p.113)

Column 3

朝食や小腹が空いたときにぴったり
野菜の健康スムージー

ビタミンやミネラル、食物繊維、生きた酵素など、不足しがちな栄養素が手軽にとれる野菜のスムージー。フルーツを組み合わせているので飲みやすく、スムージーが初めての方にもおすすめです。

オリゴ糖入りでおなかも快調に

小松菜＆バナナのスムージー

材料（1人分）

小松菜（根元を切り落とし、2〜3cm長さに切る）…………… 1〜2株（40g）
バナナ（皮をむき、ひと口大に手でちぎる）……………………… 1本（70g）
牛乳（またはプレーンヨーグルト）……………………………… ½カップ
はちみつ …………………… 大さじ½

作り方

1 ミキサーに材料をすべて入れ、なめらかになるまで攪拌する。

1食あたり

野菜量	エネルギー	食物繊維量
40g	168kcal	1.5g

低カロリー

美肌効果も期待できそう！

トマト＆にんじんのスムージー

材料（1人分）

トマト（へたを取り、ひと口大に切る）……………………… 小1個（150g）
にんじん（皮をむき、ひと口大に切る）…………………………… ¼本（50g）
オレンジ（皮をむき、ひと口大に切る）…………………………… ½個（50g）
水（または氷）………………… ¼カップ

作り方

1 ミキサーに材料をすべて入れ、なめらかになるまで攪拌する。

1食あたり

野菜量	エネルギー	食物繊維量
200g	65kcal	3.0g

すっきり味でさわやか♪

パプリカ＆パイナップルのスムージー

材料（1人分）

パプリカ（黄・へたと種を除き、ひと口大に切る）…………… ½個（75g）
パイナップル（皮をむき、ひと口大に切る）……… 60g
マンゴー（皮をむき、ひと口大に切る）…………………………………… 60g
レモン汁 …………………… 小さじ2
水 ………………………… ¼カップ

作り方

1 ミキサーに材料をすべて入れ、なめらかになるまで攪拌する。

1食あたり

野菜量	エネルギー	食物繊維量
75g	92kcal	2.3g

低カロリー

Part.4

究極のワンプレート！
野菜で満足お弁当

お弁当で上手に野菜を取り入れるには、
お肉やお魚を使った主菜に2～3種類の副菜を組み合わせたり
さっと煮るだけでできる野菜たっぷりのスープジャーにして持っていくのがおすすめです。
こうするだけで野菜がどっさりとれて、ヘルシーなランチになります。
さらに実例では、自宅でワンプレートに盛り替えるときの
アドバイス付きなので参考にしてみてください。

野菜が苦手な子どもでも食べやすい甘辛味！

3種の野菜の照り焼きチキン弁当

ゆでブロッコリー 2～3房

ゆでスナップえんどう 4さや

ミニトマト2個

すぐできる

3種の野菜の照り焼きチキン
⇒ p.105
1人分

作りおき

かぼちゃのそぼろ煮⇒ p.120
1人分（1/6量）

ごはん 120g

1食あたり

野菜量	エネルギー	食物繊維量
261g	618kcal	9.4g

高食物繊維

すぐできる

鶏肉はから揚げ用肉を使ってもOK！

3種の野菜の照り焼きチキン

15分

材料（2人分）

鶏もも肉……………………小1枚（200〜250g）
ピーマン……………………………3個（100g）
パプリカ（赤）…………………………½個（75g）
れんこん……………………………⅓節（60g）
薄力粉…………………………………………適量
サラダ油………………………………小さじ1
A しょうゆ、酒、みりん……各大さじ1・½
砂糖、片栗粉…………………各大さじ½

作り方

1 鶏肉は肉からはみ出ている脂と皮を除き、4cm角に切って薄力粉をまぶす。れんこんは5mm厚さの半月切り、パプリカ、ピーマンは乱切りにする。

2 フライパンにサラダ油を中火で熱し、1の鶏肉を皮目から並べ、れんこんも入れる。ふたをして4分ほど焼いて肉に焼き色がついたら裏返し、パプリカ、ピーマンも加え、途中1〜2度上下を返しながらふたをしてさらに3〜4分焼く。

3 2の余分な脂をペーパータオルでふき取り、混ぜ合わせたAを加えて煮からめる。

1食あたり

野菜量	エネルギー	食物繊維量
118g	298kcal	2.4g

ワンポイント！

ゆで卵 1/2 個をフォークでつぶして
マヨネーズ大さじ ½、レモン汁適量、
塩、こしょう各少々と混ぜてかければ、
よりカラフルなチキン南蛮風ワンプレートに大変身！

ワンプレートに盛り替え

具をまとめて焼いておけば、朝はパンにはさむだけ！

焼き野菜のスパイシーバーガーサンド弁当

作りおき

焼き野菜のスパイシーバーガーサンド⇒ p.107
1人分

すぐできる

にんじんのトマトクリームスープジャー⇒ p.123
1人分

1食あたり

野菜量	エネルギー	食物繊維量
298g	623kcal	7.1g

作りおき

ひき肉はこねる必要なし！パンはお好みのものでOK！

焼き野菜のスパイシーバーガーサンド

☑ 冷蔵2～3日間 / 冷凍NG

材料（4人分）

合いびき肉 …… 400g
なす …… 2本（160g）
ズッキーニ …… 小1本（150g）
パプリカ（赤） …… 1個（150g）
オリーブ油 …… 大さじ½
A
塩、粗びき黒こしょう …… 各少々
クミンパウダー、チリパウダー
（なければカレー粉） …… 各適量
サラダ菜 …… 8枚（30g）
ピクルス（市販・薄切り） …… 4～6個
塩、マヨネーズ、マスタード …… 各適量
バゲット …… 80g×4個

1食あたり		
野菜量	エネルギー	食物繊維量
123g	492kcal	4.5g

作り方

1. なす、ズッキーニは5㎜厚さの輪切り、パプリカは1㎝幅に切る。
2. フライパンにオリーブ油を中火で熱し、ひき肉を4等分にしてから、手でぎゅっと1.5㎝厚さの平たい円形または長方形にざっくり押し固めてから入れ、上から**A**をまぶす。
3. フライパンの空いたところに1を加えてふたをし、3～4分焼いて2の肉を裏返し、野菜を軽く混ぜる。さらに肉に塩をまぶしてペーパータオルで軽く脂をふき取り、同様に焼いて野菜と肉に火を通し、野菜にも全体に塩をふり、粗熱をとる。
4. お弁当につめるときに、バゲットに切り込みを入れ、サラダ菜、3の野菜と肉、ピクルスをのせて、マスタード、マヨネーズをかけてはさむ。

ワンプレートに盛り替え

ワンポイント！

お家で食べるならパンは別添えにして
ちぎったレタスに焼き野菜と肉をのせて
ボリュームサラダにすれば、
よりたくさんの野菜を食べられます。

ボリューム満点で野菜がメインでも大満足！

なすのひき肉はさみフライ弁当

ごはん 120g

作りおき

ブロッコリーとゆで卵のマヨサラダ⇒ p.118
1人分（1/6量）

すぐできる

にんじんとパセリのカレー風味煮⇒ p.119
1人分

作りおき

なすのひき肉はさみフライ⇒ p.109
1人分（1/4量）

1食あたり

野菜量	エネルギー	食物繊維量
277g	688kcal	11.1g

高食物繊維

作りおき　野菜が主役の揚げ物！カリッ&ジューシーで最高♡

なすのひき肉はさみフライ

☑ 冷蔵2日間／冷凍2週間

材料（4〜6人分・6個分）

なす……小6本（400〜420g）

A
- 豚ひき肉（赤身）……200g
- 玉ねぎ（みじん切り）……大さじ2（20g）
- 塩、こしょう……各少々

薄力粉……適量

B
- 卵……1個
- 薄力粉……大さじ5〜6
- 水……¼カップ

パン粉、揚げ油、リーフレタス、レモン、ソース……各適量

作り方

1 なすは縦半分に切り、内側になる断面に薄力粉をふる。

2 Aをよく混ぜ合わせ、1にしっかりとくっつけるようにはさむ。薄力粉、混ぜ合わせたB、パン粉の順にまぶす。全部で6個作る。

3 170℃の揚げ油で2を7〜8分揚げ、油をよくきる。お弁当につめるときに2〜3等分に切り、リーフレタス、レモンを添え、ソースをかけて食べる。

1食（¼量）あたり

野菜量	エネルギー	食物繊維量
105g	323kcal	3.5g

ワンポイント！

なすのひき肉はさみフライは切って
めんつゆ（ストレート）1/4〜1/3カップと
溶き卵1個と一緒に煮て丼にしても食べるのもおすすめ！

ワンプレートに盛り替え

魚がメインのお弁当。高食物繊維でおなかも快調に

ぶりとたけのこの中華風とろみ炒め弁当

五穀米ごはん 120g

作りおき

彩り野菜のきんぴら⇒ p.120

1人分（⅙量）

青じそ２枚

卵焼き
2切れ

すぐできる

ぶりとたけのこの中華風とろみ炒め⇒ p.111

1人分

作りおき

春菊のくるみあえ⇒ p.118

1人分（⅙量）

1食あたり

野菜量	エネルギー	食物繊維量
247g	640kcal	8.9g

高食物繊維

すぐできる

定番のぶり照りをオイスターソースでアレンジ！

ぶりとたけのこの中華風とろみ炒め

10分

材料（2人分）

ぶり（切り身）……2切れ
たけのこ水煮……130g
スナップえんどう……7〜8さや（70g）
薄力粉……適量
サラダ油……小さじ1

A
- 酒……大さじ1・½
- オイスターソース、みりん……各大さじ1
- しょうゆ……小さじ1
- しょうが（すりおろし）、片栗粉……各小さじ½

作り方

1. ぶりは1切れを3〜4等分に切り、薄力粉をまぶす。スナップえんどうは筋を取り、たけのこは8㎜厚さの食べやすい大きさに切る。
2. フライパンにサラダ油を中火で熱し、1を入れてふたをし、ぶりに焼き色がつくまで2分ほど焼く。ぶりを裏返して同様に2分ほど焼き、野菜は軽く炒め合わせる。
3. 2の余分な脂をペーパータオルでふき取り、混ぜ合わせたAを加えて煮からめる。

1食あたり

野菜量	エネルギー	食物繊維量
100g	257kcal	2.5g

ワンポイント！

ワンプレートに盛り替え

お皿に盛り替えるときは中心にごはん、
そのまわりにおかずを盛り合わせるのも新鮮！
お家なら副菜1品は具だくさん汁物に替えても。

主菜・作りおき

高食物繊維

1食（$\frac{1}{4}$量）あたり		
野菜量	エネルギー	食物繊維量
145g	226kcal	4.2g

冷蔵 3 日間 / 冷凍 NG

煮物ひとつでバランスよく野菜がとれる

筑前煮

材料（4～6人分）

鶏もも肉	1枚（250g）
大根	$\frac{1}{3}$本（300g）
にんじん	小1本（150g）
里いも	3個（150g）
板こんにゃく（アク抜き済み）	$\frac{1}{2}$枚（130g）
たけのこ水煮	80g
さやいんげん	7～8本（50g）
ごま油	小さじ2
A しょうゆ	大さじ3～3・$\frac{1}{2}$
A みりん、酒	各大さじ3
A 砂糖	大さじ1
だし汁	2カップ

作り方

1. 鶏肉は4cm角に切り、大根は1～1.5cm厚さのいちょう切り、にんじんは乱切りにする。たけのこは2～3cm角の乱切りにする。さやいんげんは長さを3～4等分に切る。こんにゃくはスプーンでひと口大にちぎる。里いもは1個を3～4等分に切る。
2. 鍋にごま油を中火で熱し、さやいんげん以外の1を入れて2～3分炒める。**A**を加えて材料がかぶる程度のだし汁も加え、煮立ったら弱火にしてふたをし、途中1～2度上下を返すようにそっと混ぜ、野菜に9割火が通るまで15分ほど煮る。
3. 2にさやいんげんを加え、里いもがつぶれないよう静かに混ぜ、ふたをして野菜に竹串がすっと通るまで5～8分煮る。煮汁が多ければふたを取り、中火で軽く煮つめる。

組み合わせはコレ！／春菊のくるみあえ（p.118）

低カロリー

10分

1食あたり

野菜量	エネルギー	食物繊維量
100g	185kcal	3.6g

噛みごたえのあるきのこは食物繊維が豊富

鮭ときのこのレモンバターじょうゆ焼き

材料(2人分)

生鮭(切り身)……2切れ
エリンギ……2本(100g)
しいたけ……5個(50g)
さやいんげん……7〜8本(50g)
オリーブ油……大さじ½
塩、こしょう……各少々
薄力粉……適量
レモン汁……大さじ½
A バター……5g
A しょうゆ、酒……各大さじ1

作り方

1 鮭は1切れを3〜4等分に切り、塩、こしょう、薄力粉をまぶす。エリンギは長さを半分に切ってから縦3〜4等分に切る。しいたけは石づきを取り、縦半分に切る。さやいんげんは長さを3〜4等分に切る。

2 フライパンにオリーブ油を中火で熱し、1の鮭を並べ入れ、そのまわりに野菜ときのこを入れる。ふたをして途中、野菜ときのこを軽く混ぜながら、2〜3分焼く。鮭を裏返してふたをし、同様に2〜3分焼く。

3 2にレモン汁、Aを加えてさっと煮からめる。

組み合わせはコレ!／ブロッコリーとゆで卵のマヨサラダ (p.118)

主菜・作りおき

高食物繊維

1食（¼量）あたり

野菜量	エネルギー	食物繊維量
145g	215kcal	4.4g

☑ 冷蔵2～3日間／冷凍2週間

1食（2個）あたり

野菜量	エネルギー	食物繊維量
100g	410kcal	2.8g

☑ 冷蔵2～3日間／冷凍2週間

煮魚も工夫すれば野菜をおいしくとれちゃう！

さばと根菜のみそ煮

材料（4～6人分）

- 生さば（三枚おろし）……2枚
- ごぼう……1本（150g）
- 長ねぎ……1・½本（150g）
- にんじん……½本（100g）
- しょうが（せん切り）…1かけ
- 水……¾～1カップ
- A
  - みそ、酒……各大さじ3
  - 砂糖……大さじ2
  - しょうゆ……大さじ½

作り方

1. ごぼうは皮をこそげて包丁で軽くたたき、4cm長さに切り、太いものは2～4等分に切り、さっと水にさらして水けをきる。にんじんは5mm厚さの輪切り、長ねぎは4cm長さにぶつ切りにする。さばは1枚を4等分に切り、ペーパータオルでしっかりと水けをふく。
2. 鍋に水、ごぼう、にんじんを入れて中火にかけ、煮立ったら弱火にしてふたをし、竹串が通るまで8分ほど煮る。
3. 2にAを溶き入れ、長ねぎ、さば、しょうがを加える。再び煮立ったら落としぶたをし、途中煮汁をときどきかけながら火が通るまで4～5分煮る。汁けが多い場合は軽く煮つめる。

組み合わせはコレ！ しらたきとにんじんのたらこ炒め（p.70）

春巻きの中身はよく冷ましてから巻いて

豚肉とアスパラの揚げ春巻き

材料（4～6人分・8個分）

- 豚もも薄切り肉……300g
- アスパラガス……12～15本（300g）
- 玉ねぎ……½個（100g）
- 春巻きの皮……8枚
- ごま油……小さじ1
- 水溶き薄力粉、揚げ油……各適量
- A
  - 酒……大さじ2
  - しょうゆ……大さじ1
  - 鶏ガラスープの素……小さじ⅓
  - 片栗粉……小さじ2

作り方

1. アスパラガスは根元のかたい皮⅓程度をピーラーで薄くむき、斜めに5～8mm幅に切る。玉ねぎは薄切りにする。豚肉は2～3cm幅に切る。
2. フライパンにごま油を中火で熱し、豚肉、玉ねぎを3～4分炒める。肉の色が変わったら、アスパラガスも加えて1～2分炒め、混ぜ合わせた**A**を加えて炒め合わせ、とろみがついたら一度取り出し、冷ます。
3. 春巻きの皮に2を等分にのせて包み、水溶き薄力粉で巻き終わりをしっかりとめる。全部で8個作る。
4. 170℃の揚げ油で3を、途中上下を返しながら3～4分揚げ、油をよくきる。お弁当につめるときに半分に切り、お好みでしょうゆ、練り辛子を添える。

組み合わせはコレ！ ほうれん草のごまあえ（p.40）

パスタなしでも大満足のナポリタン風おかず

ウインナーとキャベツのケチャップ炒め

材料（2人分）

ウインナー……5本
キャベツ……1/8個(150g)
玉ねぎ……1/3個(70g)
オリーブ油……小さじ1

A
トマトケチャップ……大さじ2
水……大さじ1/2
片栗粉……小さじ1/2
顆粒コンソメスープの素……小さじ1/3
塩、こしょう……各少々

粉チーズ……大さじ1/2

作り方

1. 玉ねぎは薄切りにし、キャベツはざく切りにする。ウインナーは3等分の斜め切りにする。
2. フライパンにオリーブ油を中火で熱し、1の玉ねぎ、キャベツ、ウインナーの順に加え、3〜4分炒める。
3. 野菜がしんなりしたら、混ぜ合わせたAを加えて炒め合わせ、粉チーズをかける。

組み合わせはコレ！ ほうれん草どっさりの卵焼き（p.68）

片栗粉でとろみをつけると冷めてもおいしい！

豚肉と小松菜のソース炒め

材料（2人分）

豚肩ロース薄切り肉……160g
小松菜……1把(200g)
ごま油……大さじ1/2
塩、こしょう……各少々

A
中濃ソース……大さじ2
酒……大さじ1
片栗粉……小さじ1/2

作り方

1. 豚肉は4cm長さに切り、塩、こしょうをする。小松菜は4〜5cm長さに切る。
2. フライパンにごま油を中火で熱し、1の豚肉を2〜3分炒める。
3. 肉の色が変わったら、小松菜を根元、葉の順に加えて1分ほど炒める。混ぜ合わせたAを加え、手早く炒め合わせる。

組み合わせはコレ！ かぼちゃのそぼろ煮（p.120）

1食(¼量)あたり

野菜量	エネルギー	食物繊維量
100g	219kcal	2.4g

冷蔵3日間/冷凍2週間

にんじんは塩もみしてひき肉と混ぜるのがコツ

れんこんはさみつくね

材料(4~6人分・6個分)

鶏ひき肉……………250g
れんこん(5mm厚さの輪切り)……………12枚(200g)
にんじん………1本(200g)
塩………………小さじ¼
薄力粉………………適量
A
パン粉………大さじ4
牛乳…………大さじ1
しょうが(すりおろし)……………小さじ½
ごま油…………大さじ1
B
しょうゆ、みりん………各大さじ1・½
酒……………大さじ1
砂糖…………大さじ½
片栗粉………小さじ1

作り方

1. にんじんはせん切りスライサーなどで細いせん切りにし、塩をまぶして水けを絞る。
2. れんこんは水にさっとさらして水けをしっかりとふき、薄力粉をまぶす。
3. 1とひき肉、Aをよく練り混ぜる。6等分にして2のれんこんを2枚1組にし、間にはさんでれんこんの穴の部分まで肉だねをしっかり入れて成形する。
4. フライパンにごま油を中火で熱し、3を並べ入れ、弱火にしてふたをし、7~8分焼く。焼き色がついたら裏返し、同様に7~8分焼く。余分な脂が出たらペーパータオルでふき取り、混ぜ合わせたBを加えて煮からめる。お弁当につめるときに半分に切る。

組み合わせはコレ!/キャベツの梅おかかあえ(p.40)

低カロリー

1食(¼量)あたり

野菜量	エネルギー	食物繊維量
100g	159kcal	3.6g

冷蔵2日間/冷凍2週間

お肉を足せばいつものごまあえが主菜に

ゆで豚とほうれん草のごまみそあえ

材料(4~6人分)

豚ロースしゃぶしゃぶ用肉……………………200g
ほうれん草……………………2把(400g)
A
すりごま(白)……………………大さじ4
砂糖、顆粒和風だし……………各小さじ½
みそ、しょうゆ……………………各小さじ1

作り方

1. 豚肉は沸騰した湯(分量外)で2分ほどゆで、ざるに上げて水けをしっかりときる。大きければ3~4cm長さに切る。
2. ほうれん草は沸騰した湯(分量外)で1分ほどゆでて冷水にとり、水けをしっかりと絞って4cm長さに切る。
3. 混ぜ合わせたAで1、2をあえる。

組み合わせはコレ!/にんじんとパセリのカレー風味煮(p.119)

12分

1食あたり		
野菜量	エネルギー	食物繊維量
115g	143kcal	2.3g

6分

1食あたり		
野菜量	エネルギー	食物繊維量
125g	226kcal	1.9g

低カロリーなのに食べごたえは申し分なし

いかとズッキーニの チリソース風炒め

材料（2人分）

冷凍カットいか …… 150g
ズッキーニ …… ½本（100g）
パプリカ（赤）
…………… ⅔個（約100g）
長ねぎ ………… ⅓本（30g）
ごま油 ………… 大さじ½

A
トマトケチャップ
…………… 大さじ2
酒 ………… 大さじ1
酢 ………… 大さじ½
豆板醤、しょうゆ、
片栗粉 …… 各小さじ1
砂糖 ………… 小さじ½

作り方

1 いかはさっと水で洗って水けをふく。ズッキーニは5㎜厚さの輪切り、パプリカは乱切りにする。長ねぎはみじん切りにする。

2 フライパンにごま油を中火で熱し、1のズッキーニ、パプリカを2〜3分炒める。長ねぎ、いかも加え、さらに2〜3分炒める。

3 混ぜ合わせたAを加えて煮からめる。

組み合わせはコレ！ かぼちゃといんげんのサラダ（p.38）

肉がなくてももやしでカサ増し！

もやしの スクランブルエッグ

材料（2人分）

卵 …………………… 3個
かに風味かまぼこ …………… 6本
もやし ……………… 1袋（200g）
小ねぎ ……………… 1把（50g）
オリーブ油 …………… 大さじ1
塩、こしょう …………… 各少々

作り方

1 かに風味かまぼこは軽くほぐす。卵は溶きほぐす。小ねぎは小口切りにする。

2 フライパンにオリーブ油の半量を中火で熱し、1の溶き卵を入れて半熟状になるまで炒め、一度取り出す。

3 残りのオリーブ油を中火で熱し、もやしを1〜2分炒める。かに風味かまぼこ、2の卵、小ねぎを加えてさっと炒め合わせる（水分が出たらペーパータオルでふき取る）。塩、こしょうで味をととのえる。

組み合わせはコレ！ 彩り野菜のきんぴら（p.120）＋
鶏団子とチンゲン菜の中華風スープジャー（p.121）

高食物繊維

1食（¼量）あたり

野菜量	エネルギー	食物繊維量
100g	115kcal	4.1g

冷蔵3日間／冷凍2週間

楽しい食感とコク増しのくるみ入り

春菊のくるみあえ

材料（4〜6人分）

春菊 …… 2把（400g）
くるみ（素焼き・無塩） …… 50g
A しょうゆ …… 小さじ2・½
A 砂糖 …… 小さじ1
A 塩 …… 少々

作り方

1. 春菊は沸騰した湯に塩（分量外）を入れ、茎から入れて1分ほどゆでて冷水にとり、水けを絞って4cm長さに切る。
2. くるみは包丁で粗く刻む。
3. 混ぜ合わせたAで1、2をあえる。

組み合わせはコレ！／えのきのピリ辛つくね（p.64）

高食物繊維

1食（¼量）あたり

野菜量	エネルギー	食物繊維量
108g	197kcal	4.3g

冷蔵3日間／冷凍NG

お弁当につめるとパッと華やかになる

ブロッコリーとゆで卵のマヨサラダ

材料（4〜6人分）

ブロッコリー …… 1・½株（300g）
玉ねぎ …… ¼個（50g）
ミニトマト …… 8個（80g）
ゆで卵 …… 4個
A マヨネーズ …… 大さじ4
A レモン汁 …… 小さじ1
A 塩 …… 小さじ⅓
A 粗びき黒こしょう …… 少々

作り方

1. ブロッコリーは小房に分け、沸騰した湯（分量外）で3分ほどゆでてざるに上げ、水けをきる。玉ねぎは薄切りにし、ブロッコリーと同様に10〜20秒ゆでて冷水にとり、水けを絞る。ミニトマトはへたを取る。
2. ゆで卵は横半分に切る。
3. 混ぜ合わせたAで1、2をあえる。

組み合わせはコレ！／根菜の炊き込みピラフ（p.88）

低カロリー

10分

1食あたり

野菜量	エネルギー	食物繊維量
100g	46kcal	2.9g

カレー風味で最後まで飽きずに食べられる

にんじんとパセリのカレー風味煮

材料（2人分）

にんじん……1本(200g)
パセリ(みじん切り)……大さじ1
A
- 水……3/4カップ
- バター……3g
- カレー粉……小さじ1
- 顆粒コンソメスープの素……小さじ1/2
- 塩……小さじ1/4〜1/3

作り方

1. にんじんは5㎜厚さの輪切りにする。
2. 鍋に1、Aを入れて中火にかけ、煮立ったら弱火にしてにんじんがやわらかくなるまで6〜8分煮る。
3. パセリを加えてひと混ぜする。

組み合わせはコレ！／ゆで豚とほうれん草のごまみそあえ (p.116)

高食物繊維　低カロリー

10分

1食あたり

野菜量	エネルギー	食物繊維量
180g	76kcal	6.5g

のりの佃煮が調味料代わり！

ミックスきのこののり佃煮あえ

材料（2人分）

しめじ……大1パック(200g)
しいたけ……8〜10個(100g)
マッシュルーム……6〜8個(60〜80g)
サラダ油……小さじ1
塩……少々
のりの佃煮(市販)……大さじ1

作り方

1. しめじは根元を切り落としてほぐす。しいたけは石づきを取り、5㎜厚さの薄切りにする。マッシュルームは根元の汚れている部分を切り落とし、5㎜厚さの薄切りにする。
2. フライパンにサラダ油を中火で熱し、1を焼き色がつくまで4〜5分炒め、塩をふって火を止める。
3. 2にのりの佃煮を加えてあえる。

組み合わせはコレ！／いかとズッキーニのチリソース風炒め (p.117)

1食（1/4量）あたり

野菜量	エネルギー	食物繊維量
100g	148kcal	3.5g

冷蔵2～3日間／冷凍NG

ひき肉を加えてごはんに合うおかずに

かぼちゃのそぼろ煮

材料（4～6人分）

かぼちゃ……1/3個（400g）
鶏ひき肉……100g
A
だし汁……1カップ
しょうゆ……大さじ2
みりん、砂糖、酒……各大さじ1
塩……少々
B
片栗粉……大さじ1
水……大さじ1・1/2

作り方

1 かぼちゃは3～4cm角に切る。

2 鍋にひき肉、Aを入れて混ぜ、中火にかける。かぼちゃは皮を下にして入れ、煮立ったら弱火にしてふたをし、8分ほど煮る。

3 2に混ぜ合わせたBを1/2～全量様子をみながら少しずつ加えて、かぼちゃをくずさないよう1～2度混ぜ、とろみがつくまで煮る。

組み合わせはコレ！ 豚肉と小松菜のソース炒め（p.115）

高食物繊維　低カロリー

1食（1/4量）あたり

野菜量	エネルギー	食物繊維量
113g	96kcal	4.2g

冷蔵2～3日間／冷凍NG

野菜の異なる食感が楽しめてやみつき！

彩り野菜のきんぴら

材料（4～6人分）

ごぼう……1本（150g）
にんじん……1/2本（100g）
かぼちゃ……1/12個（100g）
ピーマン……3個（100g）
サラダ油……大さじ1
A
しょうゆ……大さじ1・1/2
砂糖……大さじ1
いりごま（白）……小さじ1/2

作り方

1 ごぼうは皮をこそげて薄めの斜め切りにし、水にさらして水けをきる。にんじんは4cm長さの短冊切り、かぼちゃは5mm厚さ×3cm程度のいちょう切りにする。ピーマンは5mm幅の細切りにする。

2 フライパンにサラダ油を中火～弱火で熱し、1のピーマン以外の野菜を加え、5～7分炒める。

3 2にピーマン、混ぜ合わせたAを加え、中火で全体に調味料がからむまで炒め合わせる。

組み合わせはコレ！ えのきのピリ辛つくね（p.64）

忙しい朝でもレンチンでパパッとできる

パプリカと青じその塩昆布あえ

材料（2人分）

パプリカ（黄）……1個（150g）
パプリカ（赤）……½個（75g）
青じそ……6枚（6g）

A
- かつお節……2g
- 塩昆布……ひとつまみ
- しょうゆ……小さじ½

作り方

1. パプリカは細切りにする。青じそはせん切りにし、さっと水にさらして水けを絞る。
2. 耐熱容器に1のパプリカを入れ、ふんわりとラップをかけて電子レンジで1分30秒ほど加熱する。水けが出てきたら水けをきる。
3. 2、青じそをAであえる。

組み合わせはコレ！　野菜たっぷり肉じゃが（p.28）

チンゲン菜はさっと煮でOK！

鶏団子とチンゲン菜の中華風スープジャー

材料（2人分）

鶏ひき肉……120g
チンゲン菜……2株（200g）
長ねぎ……½本（50g）
塩、こしょう……各少々

A
- 水……2・¼カップ
- オイスターソース……大さじ1
- 鶏ガラスープの素……小さじ1
- ごま油……小さじ¼

作り方

1. ひき肉に塩、こしょうを混ぜ、ひと口大に丸める。
2. チンゲン菜は3cm長さに切り、葉の部分は幅を2〜3等分に切る。長ねぎは小口切りにする。
3. 鍋にAを入れて中火にかけ、煮立ったら1、長ねぎを加え、弱火にしてふたをし、2〜3分煮る。チンゲン菜を加えてひと煮し、味を見て足りなければ、塩少々（分量外）でととのえて火を止め、スープジャーに入れる。

組み合わせはコレ！　カラフルチンジャオロースー（p.31）

副菜・作りおき

高食物繊維

1食（¼量）あたり

野菜量	エネルギー	食物繊維量
38g	220kcal	4.3g

冷蔵3日間／冷凍NG

揚げごぼう入りが新鮮！子どもでも食べやすい！

さつまいもとごぼうの甘辛大学いも風

材料（4〜6人分）

さつまいも … 大1本（300g）
ごぼう ………… 1本（150g）
片栗粉、揚げ油 …… 各適量

A
砂糖 …… 大さじ3〜4
水 ………… 大さじ1·½
しょうゆ …… 小さじ2
いりごま（黒）… 小さじ½

作り方

1 さつまいもは小さめの乱切り、ごぼうは皮をこそげて5cm長さに切り、太い部分は半分に切り、水にさっとさらして水けをしっかりとふく。どちらにも片栗粉を薄くまぶす。

2 160℃の揚げ油に1を入れ、火が通るまで4〜6分揚げ、油をよくきる。

3 フッ素樹脂加工のフライパンにAを入れて中火にかけ、ゆすりながら砂糖を溶かし、沸騰したら2を加えて全体にからめる。すぐにオーブンシートなどの上に取り出し、冷ます。

組み合わせはコレ！／鮭ときのこのレモンバターじょうゆ焼き（p.113）

低カロリー

1食（¼量）あたり

野菜量	エネルギー	食物繊維量
100g	64kcal	1.7g

※漬け汁も含める全量

冷蔵5日間／冷凍NG

野菜のみずみずしさが味わえる

れんこんとパプリカのピクルス

材料（4〜6人分）

れんこん …… 小1節（150g）
パプリカ（赤）…… 1個（150g）
セロリ ………… 1本（100g）

A
水 …………… 1カップ
酢 …… ⅔カップ（140mℓ）
砂糖 …… 大さじ4·½
塩 …………… 小さじ2
粒こしょう … 小さじ1
ローリエ ………… 2枚
赤唐辛子 ………… ½本

作り方

1 れんこんは4〜5mm厚さのいちょう切りにし、さっと水にさらす。沸騰した湯に酢大さじ1（分量外）を入れ、歯ごたえが残る程度に2〜3分ゆで、ざるに上げる。

2 パプリカは1〜1.5cm幅に切り、セロリは4〜5cmのスティック状に切る（太い部分は半分にする）。1と一緒に耐熱の保存容器やジッパー付き保存袋に入れる。

3 鍋にAを入れて中火にかけ、煮立ったら火を止める。2に注ぎ入れ、粗熱がとれたら、冷蔵庫で1日以上漬ける。

組み合わせはコレ！／焼き野菜のスパイシーバーガーサンド（p.107）

1食あたり

10分

野菜量	エネルギー	食物繊維量
175g	131kcal	2.6g

低カロリー

1食あたり

10分

野菜量	エネルギー	食物繊維量
100g	35kcal	1.8g

トマトの酸味とにんじんの甘みが好相性

にんじんのトマトクリームスープジャー

材料（2人分）

トマト……1個（200g）
にんじん……½本（100g）
玉ねぎ……¼個（50g）
バター……8g
薄力粉……大さじ½

A
牛乳……¾カップ
顆粒コンソメスープの素……小さじ1

塩、こしょう……各少々

作り方

1 トマトはざく切り、にんじんはせん切り、玉ねぎは薄切りにする。

2 鍋にバターを中火で熱し、1の玉ねぎ、にんじんを入れて2分ほど炒め、薄力粉をふり入れ、手早く炒める。トマトを加えて軽くつぶすようにしながら混ぜ、トマトの水分が出てくるまで煮る。

3 Aを加えて中火で混ぜながら、とろみがつくまで煮る。塩、こしょうで味をととのえて火を止め、スープジャーに入れる（すぐ食べるときは水を少し加え、ときどき混ぜながら弱火でふたをして野菜がやわらかくなるまで煮る）。

組み合わせはコレ！ えびとアスパラのフジッリ（p.90）

粉チーズや溶けるチーズを加えても

アスパラといんげんのコンソメスープジャー

材料（2人分）

アスパラガス……2〜3本（50g）
さやいんげん……7〜10本（50g）
玉ねぎ……½個（100g）

A
水……2カップ
顆粒コンソメスープの素……小さじ2

塩、こしょう……各少々

作り方

1 アスパラガスは根元のかたい皮⅓程度をピーラーで薄くむき、4〜5等分の長さに切る。さやいんげんは3〜4等分の長さに切る。玉ねぎは薄切りにする。

2 鍋にA、1の玉ねぎを入れて中火にかけ、煮立ったら弱火にしてふたをし、2〜3分煮る。

3 さやいんげん、アスパラガスを加え、再び煮立ったら火を止める。スープジャーに入れる（すぐ食べるときは弱火でふたをして野菜がやわらかくなるまで煮る）。

組み合わせはコレ！ にんじんとしめじの炊き込みごはん（p.88）

食材別さくいん

この本のレシピで使用した材料のうち、主な食材をピックアップ。使いたい食材からおかずを探すときなどに活用ください。

【野菜・野菜加工品・いも類・果物・ハーブ】

青じそ
和風野菜たっぷりの揚げ鶏サラダ……25
豚しゃぶでポッサム風野菜巻き……29
薬味たっぷりかつおのたたき……35
スプラウトと青じその和風オムレツ……55
スライス玉ねぎの青じそおかかのせ……69
パプリカと青じその塩昆布あえ……121

アスパラガス
焼きアスパラの温玉ソース……39
えびとアスパラのフジッリ……90
豚肉とアスパラの揚げ春巻き……114
アスパラといんげんのコンソメスープジャー……123

アボカド
アボカドときゅうりのバジルサラダ……39
サラダ菜とスプラウトのアボカドシーザーサラダ……93

梅干し
キャベツの梅おかかあえ……40
かぶの梅風味スープ……99

オクラ
カラフル野菜の焼きびたし……36
オクラのわさび風味スープ……45
長いもの納豆＆オクラのせ……95

オレンジ
トマト＆にんじんのスムージー……102

かいわれ菜
油淋鶏風から揚げのトマトだれ……25
薬味たっぷりかつおのたたき……35
もやし＆玉ねぎ入り豚のすき焼き風うどん……57
具だくさんサラダそば……91

カット炒め野菜ミックス
豚しゃぶと蒸し野菜のごまだれかけ……76

カットサラダ野菜ミックス
えびとサラダ野菜の生春巻き……77

かぶ
かぶとかぼちゃの油揚げ入り煮物……96
かぶの梅風味スープ……99

かぼちゃ
ブロッコリーとかぼちゃのグラタン……27
カラフル野菜の焼きびたし……36
かぼちゃといんげんのサラダ……38
鶏むね肉と野菜のミックスフライ……58
かぶとかぼちゃの油揚げ入り煮物……96
かぼちゃとにんじんのポタージュ……100
かぼちゃのそぼろ煮……120
彩り野菜のきんぴら……120

カリフラワー
カリフラワーのマスタードマヨサラダ……38

キャベツ
重ねロールキャベツのクリーム煮……30
キャベツ巻きとんかつ……32
キャベツの梅おかかあえ……40
トマトたっぷりミネストローネ……42
キャベツとにらの豚キムチ炒め……59
せん切りキャベツとにんじんのみそマヨサラダ……69
キャベツとあさり缶のガーリックスープ……75
トマト入り豚焼きそば……83
オム野菜焼きそば……83
塩もみキャベツとコンビーフのチーズトースト……91
鶏手羽元と野菜のポトフ……98
ウインナーとキャベツのケチャップ炒め……115

きゅうり
アボカドときゅうりのバジルサラダ……39
野菜たっぷりよだれ鶏……63
きゅうりとひじきの和風サラダ……66
きゅうりの白だしピクルス……70
きゅうりたっぷりツナサンド……85
具だくさんガパオ風ごはん……87

グリーンピース（冷凍）
豚と緑の豆のレモンクリーム煮……33
えびとアスパラのフジッリ……90
スナップえんどうとグリーンピースのマリネ……96

ゴーヤ
ゴーヤと小松菜のチャンプルー……71

コーン缶・とうもろこし
小松菜たっぷり豚のコーンバター焼き……23
海藻とレタスのサラダ……37
コーンポタージュ……42
オクラのわさび風味スープ……45
具だくさんサラダそば……91
玉ねぎとにんじんのコーンスープ……101

小ねぎ
魚介と白菜の中華風スープ……45
もやし＆玉ねぎ入り豚のすき焼き風煮……57
もやしのスクランブルエッグ……117

ごぼう
たたきごぼうとにんじんのみそ汁……44
根菜の炊き込みピラフ……88
ささがきごぼうの中華風ピリ辛スープ……98
さばと根菜のみそ煮……114
彩り野菜のきんぴら……120
さつまいもとごぼうの甘辛大学いも風……122

小松菜
小松菜たっぷり豚のコーンバター焼き……23
小松菜入り焼きギョウザ……51
小松菜入り水ギョウザ鍋……51
ゴーヤと小松菜のチャンプルー……71
小松菜＆バナナのスムージー……102
豚肉と小松菜のソース炒め……115

こんにゃく
筑前煮……112

ザーサイ
セロリとチンゲン菜のザーサイあえ……97

さつまいも
さつまいもとごぼうの甘辛大学いも風……122

里いも
野菜たっぷり豚汁……44
筑前煮……112

サニーレタス
豚しゃぶでポッサム風野菜巻き……29

さやいんげん
野菜たっぷり肉じゃが……28
かぼちゃといんげんのサラダ……38
たたきごぼうとにんじんのみそ汁……44
豚こまのカレークリーム煮……60
かぶとかぼちゃの油揚げ入り煮物……96
筑前煮……112
鮭ときのこのレモンバターじょうゆ焼き……113
アスパラといんげんのコンソメスープジャー……123

サラダ菜
野菜としめじのふわふわオムレツ……55
サラダ菜とスプラウトのアボカドシーザーサラダ……93
焼き野菜のスパイシーバーガーサンド……107

じゃがいも
ほうれん草のカレーポテトグラタン……27
野菜たっぷり肉じゃが……28
カリフラワーのマスタードマヨサラダ……38
鶏むね肉のクリームシチュー……72
ブロッコリー入りポテトサラダ……94

香菜
トマトとピーマンのサルサ風ソース……48

春菊
春菊のくるみあえ……118

しらたき
しらたきとにんじんのたらこ炒め……70

ズッキーニ
トマトの煮込みハンバーグ……21
トマトとズッキーニのチーズ焼き……37
ラタトゥイユ……92
焼き野菜のスパイシーバーガーサンド……107
いかとズッキーニのチリソース風炒め……117

スナップえんどう
豚と緑の豆のレモンクリーム煮……33
スナップえんどうとグリーンピースのマリネ……96
ぶりとたけのこの中華風とろみ炒め……111

セロリ
野菜たっぷりミートソースパスタ……90
セロリとチンゲン菜のザーサイあえ……97
鶏手羽元と野菜のポトフ……98
れんこんとパプリカのピクルス……122

大根・大根おろし
大根おろしのせ和風ハンバーグ……21
和風野菜たっぷりの揚げ鶏サラダ……25
豚しゃぶでポッサム風野菜巻き……29
野菜たっぷり豚汁……44
小松菜入り水ギョウザ鍋……51
スプラウトと青じその和風オムレツ……55
鶏手羽元と大根の煮物……62
きゅうりとひじきの和風サラダ……66
豆苗と豆腐のみそ汁……73
具だくさんサラダそば……91
大根とベーコンの和風スープ……100
筑前煮……112

高菜漬け
ほうれん草と高菜の和風だれ……47

たけのこ（水煮）
カラフルチンジャオロースー……31
ぶりとたけのこの中華風とろみ炒め……111
筑前煮……112

玉ねぎ
トマトの煮込みハンバーグ……21
大根おろしのせ和風ハンバーグ……21
玉ねぎどっさり豚のしょうが焼き……23
ブロッコリーとかぼちゃのグラタン……27
ほうれん草のカレーポテトグラタン……27
野菜たっぷり肉じゃが……28
重ねロールキャベツのクリーム煮……30
鶏と野菜の甘酢炒め……32
豚と緑の豆のレモンクリーム煮……33
ポークソテー きのこソース……33
鮭と彩り野菜の南蛮漬け……34
薬味たっぷりかつおのたたき……35

かぼちゃといんげんのサラダ……38
コーンポタージュ……42
トマトたっぷりミネストローネ……42
焼きパプリカのガーリックオイルだれ……47
トマトとピーマンのサルサ風ソース……48
鶏むね肉と野菜のトマト煮込み……53
鶏ときのこのトマトみそ煮込み……53
野菜としめじのふわふわオムレツ……55
もやし＆玉ねぎ入り豚のすき焼き風煮……57
もやし＆玉ねぎ入り豚のすき焼き風うどん……57
豚こまのカレークリーム煮……60
鶏むね肉の野菜たっぷりステーキ……61
いかとブロッコリーのバジルガーリック炒め……64
玉ねぎ＆にんじん入りさんま缶卵とじ……65
豆腐のツナ＆玉ねぎあんかけ……65
スライス玉ねぎの青じそおかかのせ……69
鶏むね肉のクリームシチュー……72
白菜とハムのコンソメスープ……72
丸ごと玉ねぎのトマトスープ……74
なすとひき肉のカレー風味スープ……74
ほうれん草入りキーマカレー……81
ほうれん草入りキーマカレーうどん……81
ハッシュドビーフ……86
具だくさんガパオ風ごはん……87
根菜の炊き込みピラフ……88
トマトたっぷりリゾット……89
野菜たっぷりミートソースパスタ……90
えびとアスパラのフジッリ……90
ラタトゥイユ……92
大きなにんじんのツナのせサラダ……94
スナップえんどうとグリーンピースのマリネ……96
鶏手羽元と野菜のポトフ……98
ひき肉と野菜のチリスープ……99
大根とベーコンの和風スープ……100
かぼちゃとにんじんのポタージュ……100
玉ねぎとにんじんのコーンスープ……101
なすのひき肉はさみフライ……109
豚肉とアスパラの揚げ春巻き……114
ウインナーとキャベツのケチャップ炒め……115
ブロッコリーとゆで卵のマヨサラダ……118
にんじんのトマトクリームスープジャー……123
アスパラといんげんのコンソメスープジャー……123

チンゲン菜
チンゲン菜と桜えびの豆乳スープ……43
セロリとチンゲン菜のザーサイあえ……97
鶏団子とチンゲン菜の中華風スープジャー……121

豆苗
豆苗のオイスターソース炒め……67
豆苗と豆腐のみそ汁……73

トマト
トマトの煮込みハンバーグ……21
油淋鶏風から揚げのトマトだれ……25
トマトとズッキーニのチーズ焼き……37
トマトたっぷりミネストローネ……42
トマトとピーマンのサルサ風ソース……48
トマトにら玉……67
丸ごと玉ねぎのトマトスープ……74
ほうれん草入りキーマカレー……81
ほうれん草入りキーマカレーうどん……81
トマト入り豚焼きそば……83
オム野菜焼きそば……83
ハッシュドビーフ……86
具だくさんガパオ風ごはん……87
トマトたっぷりリゾット……89
野菜たっぷりミートソースパスタ……90
ラタトゥイユ……92
トマトのマヨポンがけ……97
トマトと長ねぎの卵スープ……101
トマト＆にんじんのスムージー……102
にんじんのトマトクリームスープジャー……123

トマトジュース・トマトソース缶
ウインナーと冷凍ミックス野菜のトマトソースペンネ……78

ひき肉と野菜のチリスープ……99

トマト水煮缶
鶏むね肉と野菜のトマト煮込み……53
鶏ときのこのトマトみそ煮込み……53

長いも
長いもの納豆＆オクラのせ……95

長ねぎ
油淋鶏風から揚げのトマトだれ……25
麻婆トマトなす……34
カラフル野菜の焼きびたし……36
野菜たっぷり豚汁……44
刻みきのことひき肉のみそ風味だれ……48
小松菜入り焼きギョウザ……51
小松菜入り水ギョウザ鍋……51
野菜たっぷりよだれ鶏……63
えのきのピリ辛つくね……64
きのこどっさりチゲ風スープ……75
もやし＆にら入りハーフ焼きそば……89
ささがきごぼうの中華風ピリ辛スープ……98
トマトと長ねぎの卵スープ……101
さばと根菜のみそ煮……114
いかとズッキーニのチリソース風炒め……117
鶏団子とチンゲン菜の中華風スープジャー……121

なす
麻婆トマトなす……34
カラフル野菜の焼きびたし……36
鶏むね肉と野菜のミックスフライ……58
蒸しなすのごまあえ……68
なすとひき肉のカレー風味スープ……74
ラタトゥイユ……92
焼き野菜のスパイシーバーガーサンド……107
なすのひき肉はさみフライ……109

にら
小松菜入り水ギョウザ鍋……51
キャベツとにらの豚キムチ炒め……59
トマトにら玉……67
きのこどっさりチゲ風スープ……75
もやし＆にら入りハーフ焼きそば……89

にんじん
トマトの煮込みハンバーグ……21
大根おろしのせ和風ハンバーグ……21
野菜たっぷり肉じゃが……28
鶏と野菜の甘酢炒め……32
鮭と彩り野菜の南蛮漬け……34
野菜としいたけの白あえ……36
海藻とレタスのサラダ……37
キャロットラペ……40
たたきごぼうとにんじんのみそ汁……44
野菜たっぷり豚汁……44
小松菜入り水ギョウザ鍋……51
野菜としめじのふわふわオムレツ……55
玉ねぎ＆にんじん入りさんま缶卵とじ……65
きゅうりとひじきの和風サラダ……66
せん切りキャベツとにんじんのみそマヨサラダ……69
しらたきとにんじんのたらこ炒め……70
鶏むね肉のクリームシチュー……72
トマト入り豚焼きそば……83
オム野菜焼きそば……83
にんじんとしめじの炊き込みごはん……88
野菜たっぷりミートソースパスタ……90
大きなにんじんのツナのせサラダ……94
ブロッコリー入りポテトサラダ……94
鶏手羽元と野菜のポトフ……98
かぼちゃとにんじんのポタージュ……100
玉ねぎとにんじんのコーンスープ……101
トマト＆にんじんのスムージー……102
筑前煮……112
さばと根菜のみそ煮……114
れんこんはさみつくね……116
にんじんとパセリのカレー風味煮……119

彩り野菜のきんぴら……120
にんじんのトマトクリームスープジャー……123

にんにくの芽
もやしとにんにくの芽のツナバターじょうゆ炒め……71

パイナップル
パプリカ＆パイナップルのスムージー……102

白菜
野菜たっぷり豚汁……44
魚介と白菜の中華風スープ……45
焼き白菜のひき肉みそがけ……62
白菜とハムのコンソメスープ……72

白菜キムチ
豚しゃぶでポッサム風野菜巻き……29
キャベツとにらの豚キムチ炒め……59
きのこどっさりチゲ風スープ……75

バジルの葉・ドライバジル
アボカドときゅうりのバジルサラダ……39
ミニトマトのカプレーゼ風……41
いかとブロッコリーのバジルガーリック炒め……64
具だくさんガパオ風ごはん……87

パセリ
トマトたっぷりリゾット……89
大きなにんじんのツナのせサラダ……94
にんじんとパセリのカレー風味煮……119

バナナ
小松菜＆バナナのスムージー……102

パプリカ
豚しゃぶでポッサム風野菜巻き……29
カラフルチンジャオロースー……31
鶏と野菜の甘酢炒め……32
鮭と彩り野菜の南蛮漬け……34
カラフル野菜の焼きびたし……36
カラフル野菜の生ハム巻き……41
焼きパプリカのガーリックオイルだれ……47
鶏むね肉の野菜たっぷりステーキ……61
具だくさんガパオ風ごはん……87
ラタトゥイユ……92
ひき肉と野菜のチリスープ……99
パプリカ＆パイナップルのスムージー……102
３種の野菜の照り焼きチキン……105
焼き野菜のスパイシーバーガーサンド……107
いかとズッキーニのチリソース風炒め……117
パプリカと青じその塩昆布あえ……121
れんこんとパプリカのピクルス……122

ピーマン
カラフルチンジャオロースー……31
鶏と野菜の甘酢炒め……32
鮭と彩り野菜の南蛮漬け……34
トマトとピーマンのサルサ風ソース……48
鶏むね肉と野菜のトマト煮込み……53
トマト入り豚焼きそば……83
オム野菜焼きそば……83
具だくさんガパオ風ごはん……87
３種の野菜の照り焼きチキン……105
彩り野菜のきんぴら……120

ピクルス
焼き野菜のスパイシーバーガーサンド……107

ブロッコリー
ブロッコリーとかぼちゃのグラタン……27
えびとブロッコリーのガリバタ炒め……35
ブロッコリーの明太マヨあえ……41
ブロッコリーのガーリックスープ……43
いかとブロッコリーのバジルガーリック炒め……64
鶏むね肉のクリームシチュー……72
ブロッコリー入りポテトサラダ……94

ブロッコリーとゆで卵のマヨサラダ……118

ブロッコリースプラウト
豚しゃぶでポッサム風野菜巻き……29
カラフル野菜の生ハム巻き……41
スプラウトと青じその和風オムレツ……55
サラダ菜とスプラウトのアボカドシーザーサラダ……93

ほうれん草
ほうれん草のカレーポテトグラタン……27
野菜としいたけの白あえ……36
ほうれん草のごまあえ……40
ほうれん草と高菜の和風だれ……47
ほうれん草どっさりの卵焼き……68
ほうれん草入りキーマカレー……81
ほうれん草入りキーマカレーうどん……81
ゆで豚とほうれん草のごまみそあえ……116

マンゴー
パプリカ&パイナップルのスムージー……102

水菜
大根おろしのせ和風ハンバーグ……21
和風野菜たっぷりの揚げ鶏サラダ……25
具だくさんサラダそば……91

ミニトマト
麻婆トマトなす……34
ミニトマトのカプレーゼ風……41
もやしとミニトマトの中華風スープ……73
具だくさんサラダそば……91
ブロッコリーとゆで卵のマヨサラダ……118

みょうが
和風野菜たっぷりの揚げ鶏サラダ……25
薬味たっぷりかつおのたたき……35
塩もみレタスとわかめのおかか&みょうがのせ……95
トマトのマヨポンがけ……97

もやし
もやし&玉ねぎ入り豚のすき焼き風煮……57
もやし&玉ねぎ入り豚のすき焼き風うどん……57
野菜たっぷりよだれ鶏……63
もやしとハムの中華風ナムル……66
もやしとにんにくの芽のツナバターじょうゆ炒め……71
もやしとミニトマトの中華風スープ……73
もやし&にら入りハーフ焼きそば……89
もやしのスクランブルエッグ……117

リーフレタス
油淋鶏風から揚げのトマトだれ……25
具だくさんガパオ風ごはん……87
なすのひき肉はさみフライ……109

冷凍野菜洋風ミックス
ウインナーと冷凍ミックス野菜のトマトソースペンネ……78

レーズン
キャロットラペ……40

レタス
大根おろしのせ和風ハンバーグ……21
薬味たっぷりかつおのたたき……35
海藻とレタスのサラダ……37
レタスぎゅうぎゅう卵サンド……85
塩もみレタスとわかめのおかか&みょうがのせ……95

れんこん
鶏むね肉の野菜たっぷりステーキ……61
根菜の炊き込みピラフ……88
3種の野菜の照り焼きチキン……105
れんこんはさみつくね……116
れんこんとパプリカのピクルス……122

【きのこ類】

えのきたけ
チンゲン菜と桜えびの豆乳スープ……43
えのきのピリ辛つくね……64
ささがきごぼうの中華風ピリ辛スープ……98

エリンギ
鶏ときのこのトマトみそ煮込み……53
鮭ときのこのレモンバターじょうゆ焼き……113

しいたけ
鶏と野菜の甘酢炒め……32
野菜としいたけの白あえ……36
刻みきのことひき肉のみそ風味だれ……48
厚揚げときのこのしょうがじょうゆ炒め……63
ささがきごぼうの中華風ピリ辛スープ……98
鮭ときのこのレモンバターじょうゆ焼き……113
ミックスきのこののり佃煮あえ……119

しめじ
野菜としめじのふわふわオムレツ……55
厚揚げときのこのしょうがじょうゆ炒め……63
きのこどっさりチゲ風スープ……75
にんじんとしめじの炊き込みごはん……88
ミックスきのこののり佃煮あえ……119

まいたけ
ポークソテー きのこソース……33
刻みきのことひき肉のみそ風味だれ……48
鶏ときのこのトマトみそ煮込み……53
厚揚げときのこのしょうがじょうゆ炒め……63
きのこどっさりチゲ風スープ……75
ハッシュドビーフ……86

マッシュルーム
ポークソテー きのこソース……33
えびとブロッコリーのガリバタ炒め……35
鶏ときのこのトマトみそ煮込み……53
ハッシュドビーフ……86
ミックスきのこののり佃煮あえ……119

【肉】

合いびき肉
トマトの煮込みハンバーグ……21
大根おろしのせ和風ハンバーグ……21
重ねロールキャベツのクリーム煮……30
ほうれん草入りキーマカレー……81
ほうれん草入りキーマカレーうどん……81
野菜たっぷりミートソースパスタ……90
ひき肉と野菜のチリスープ……99
焼き野菜のスパイシーバーガーサンド……107

牛肉
野菜たっぷり肉じゃが……28
カラフルチンジャオロースー……31
ハッシュドビーフごはん……86

鶏肉
油淋鶏風から揚げのトマトだれ……25
和風野菜たっぷりの揚げ鶏サラダ……25
ブロッコリーとかぼちゃのグラタン……27
鶏と野菜の甘酢炒め……32
鶏むね肉と野菜のトマト煮込み……53
鶏ときのこのトマトみそ煮込み……53
鶏むね肉と野菜のミックスフライ……58
鶏むね肉の野菜たっぷりステーキ……61
鶏手羽元と大根の煮物……62
野菜たっぷりよだれ鶏……63
鶏むね肉のクリームシチュー……72
鶏手羽元と野菜のポトフ……98
3種の野菜の照り焼きチキン……105
筑前煮……112

鶏ひき肉
厚揚げときのこのしょうがじょうゆ炒め……63
えのきのピリ辛つくね……64
具だくさんガパオ風ごはん……87
れんこんはさみつくね……116
かぼちゃのそぼろ煮……120
鶏団子とチンゲン菜の中華風スープジャー……121

豚肉
玉ねぎどっさり豚のしょうが焼き……23
小松菜たっぷり豚のコーンバター焼き……23
豚しゃぶでポッサム風野菜巻き……29
キャベツ巻きとんかつ……32
豚と緑の豆のレモンクリーム煮……33
ポークソテー きのこソース……33
野菜たっぷり豚汁……44
もやし&玉ねぎ入り豚のすき焼き風煮……57
もやし&玉ねぎ入り豚のすき焼き風うどん……57
キャベツとにらの豚キムチ炒め……59
豚こまのカレークリーム煮……60
きのこどっさりチゲ風スープ……75
豚しゃぶと蒸し野菜のごまだれかけ……76
トマト入り豚焼きそば……83
オム野菜焼きそば……83
もやし&にら入りハーフ焼きそば……89
豚肉とアスパラの揚げ春巻き……114
豚肉と小松菜のソース炒め……115
ゆで豚とほうれん草のごまみそあえ……116

豚ひき肉
麻婆トマトなす……34
刻みきのことひき肉のみそ風味だれ……48
小松菜入り焼きギョウザ……51
小松菜入り水ギョウザ鍋……51
焼き白菜のひき肉みそがけ……62
なすとひき肉のカレー風味スープ……74
ささがきごぼうの中華風ピリ辛スープ……98
なすのひき肉はさみフライ……109

【肉加工品】

ウインナー
ほうれん草のカレーポテトグラタン……27
ウインナーと冷凍ミックス野菜のトマトソースペンネ……78
鶏手羽元と野菜のポトフ……98
ウインナーとキャベツのケチャップ炒め……115

コンビーフ
塩もみキャベツとコンビーフのチーズトースト……91

サラダチキン
えびとサラダ野菜の生春巻き……77
具だくさんサラダそば……91

ハム・生ハム
カラフル野菜の生ハム巻き……41
もやしとハムの中華風ナムル……66
白菜とハムのコンソメスープ……72
きゅうりたっぷりツナサンド……85
ブロッコリー入りポテトサラダ……94
玉ねぎとにんじんのコーンスープ……101

ベーコン
トマトたっぷりミネストローネ……42
丸ごと玉ねぎのトマトスープ……74
根菜の炊き込みピラフ……88
トマトたっぷりリゾット……89
大根とベーコンの和風スープ……100

【魚介・魚介加工品】

あさり水煮缶
キャベツとあさり缶のガーリックスープ……75

甘塩たらこ
しらたきとにんじんのたらこ炒め……70

アンチョビフィレ
焼きパプリカのガーリックオイルだれ……47

いか（冷凍）
いかとブロッコリーのバジルガーリック炒め……64
いかとズッキーニのチリソース風炒め……117

えび・蒸しえび
えびとブロッコリーのガリバタ炒め……35
えびとサラダ野菜の生春巻き……77
えびとアスパラのフジッリ……90

かつおのたたき
薬味たっぷりかつおのたたき……35

かに風味かまぼこ
もやしのスクランブルエッグ……117

辛子明太子
ブロッコリーの明太マヨあえ……41

桜えび（乾燥）
チンゲン菜と桜えびの豆乳スープ……43

鮭
鮭と彩り野菜の南蛮漬け……34
鮭ときのこのレモンバターじょうゆ焼き……113

さば
さばと根菜のみそ煮……114

さんま蒲焼き缶
玉ねぎ＆にんじん入りさんま缶卵とじ……65

シーフードミックス（冷凍）
魚介と白菜の中華風スープ……45

ちりめんじゃこ
にんじんとしめじの炊き込みごはん……88

ツナ水煮缶
豆腐のツナ＆玉ねぎあんかけ……65
もやしとにんにくの芽のツナバターじょうゆ炒め……71
きゅうりたっぷりツナサンド……85
大きなにんじんのツナのせサラダ……94

のり佃煮
ミックスきのこののり佃煮あえ……119

ぶり
ぶりとたけのこの中華風とろみ炒め……111

【海藻類】

海藻ミックス
海藻とレタスのサラダ……37

韓国のり
長いもの納豆＆オクラのせ……95

塩昆布
パプリカと青じその塩昆布あえ……121

のり佃煮
ミックスきのこののり佃煮あえ……119

芽ひじき水煮
きゅうりとひじきの和風サラダ……66

わかめ
塩もみレタスとわかめのおかか＆みょうがのせ……95

【卵・豆製品】

厚揚げ
厚揚げときのこのしょうがじょうゆ炒め……63

油揚げ
ほうれん草のごまあえ……40
にんじんとしめじの炊き込みごはん……88
かぶとかぼちゃの油揚げ入り煮物……96

大豆水煮
トマトたっぷりミネストローネ……42
ひき肉と野菜のチリスープ……99

卵・温泉卵
トマトの煮込みハンバーグ……21
大根おろしのせ和風ハンバーグ……21
重ねロールキャベツのクリーム煮……30
キャベツ巻きとんかつ……32
焼きアスパラの温玉ソース……39
魚介と白菜の中華風スープ……45
野菜としめじのふわふわオムレツ……55
スプラウトと青じその和風オムレツ……55
もやし＆玉ねぎ入り豚のすき焼き風煮……57
もやし＆玉ねぎ入り豚のすき焼き風うどん……57
鶏むね肉と野菜のミックスフライ……58
玉ねぎ＆にんじん入りさんま缶卵とじ……65
トマトにら玉……67
ほうれん草どっさりの卵焼き……68
ゴーヤと小松菜のチャンプルー……71
オム野菜焼きそば……83
レタスぎゅうぎゅう卵サンド……85
具だくさんガパオ風ごはん……87
トマトと長ねぎの卵スープ……101
なすのひき肉はさみフライ……109
もやしのスクランブルエッグ……117
ブロッコリーとゆで卵のマヨサラダ……118

豆乳
チンゲン菜と桜えびの豆乳スープ……43

豆腐
野菜としいたけの白あえ……36
豆腐のツナ＆玉ねぎあんかけ……65
豆苗と豆腐のみそ汁……73
きのこどっさりチゲ風スープ……75

納豆
長いもの納豆＆オクラのせ……95

【乳製品】

牛乳
トマトの煮込みハンバーグ……21
大根おろしのせ和風ハンバーグ……21
ブロッコリーとかぼちゃのグラタン……27
ほうれん草のカレーポテトグラタン……27
重ねロールキャベツのクリーム煮……30
豚と緑の豆のレモンクリーム煮……33
コーンポタージュ……42
野菜としめじのふわふわオムレツ……55
スプラウトと青じその和風オムレツ……55
豚こまのカレークリーム煮……60
鶏むね肉のクリームシチュー……72
なすとひき肉のカレー風味スープ……74
オム野菜焼きそば……83
サラダ菜とスプラウトのアボカドシーザーサラダ……93
かぼちゃとにんじんのポタージュ……100
小松菜＆バナナのスムージー……102
れんこんはさみつくね……116
にんじんのトマトクリームスープジャー……123

チーズ
ブロッコリーとかぼちゃのグラタン……27
ほうれん草のカレーポテトグラタン……27
重ねロールキャベツのクリーム煮……30
トマトとズッキーニのチーズ焼き……37
焼きアスパラの温玉ソース……39
ミニトマトのカプレーゼ風……41
トマトたっぷりミネストローネ……42
鶏ときのこのトマトみそ煮込み……53
ウインナーと冷凍ミックス野菜のトマトソースペンネ……78
レタスぎゅうぎゅう卵サンド……85
きゅうりたっぷりツナサンド……85
トマトたっぷりリゾット……89
野菜たっぷりミートソースパスタ……90
塩もみキャベツとコンビーフのチーズトースト……91
サラダ菜とスプラウトのアボカドシーザーサラダ……93
ウインナーとキャベツのケチャップ炒め……115

生クリーム
重ねロールキャベツのクリーム煮……30
豚と緑の豆のレモンクリーム煮……33
コーンポタージュ……42

プレーンヨーグルト
かぼちゃといんげんのサラダ……38
カリフラワーのマスタードマヨサラダ……38
なすとひき肉のカレー風味スープ……74

【ナッツ類・炭水化物】

うどん
もやし＆玉ねぎ入り豚のすき焼き風うどん……57
ほうれん草入りキーマカレーうどん……81

ギョウザの皮
小松菜入り焼きギョウザ……51
小松菜入り水ギョウザ鍋……51

クルトン
サラダ菜とスプラウトのアボカドシーザーサラダ……93

くるみ
かぼちゃといんげんのサラダ……38
春菊のくるみあえ……118

米・ごはん
ほうれん草入りキーマカレー……81
ハッシュドビーフ……86
具だくさんガパオ風ごはん……87
にんじんとしめじの炊き込みごはん……88
根菜の炊き込みピラフ……88
トマトたっぷりリゾット……89

そば
具だくさんサラダそば……91

中華蒸しめん
トマト入り豚焼きそば……83
オム野菜焼きそば……83
もやし＆にら入りハーフ焼きそば……89

生春巻きの皮・春巻きの皮
えびとサラダ野菜の生春巻き……77
豚肉とアスパラの揚げ春巻き……114

パスタ（スパゲッティ・フジッリ・ペンネ）
ウインナーと冷凍ミックス野菜のトマトソースペンネ……78
野菜たっぷりミートソースパスタ……90
えびとアスパラのフジッリ……90

パン（食パン・バゲット）
レタスぎゅうぎゅう卵サンド……85
きゅうりたっぷりツナサンド……85
塩もみキャベツとコンビーフのチーズトースト……91
焼き野菜のスパイシーバーガーサンド……107

Profile

著者

阪下千恵

さかした・ちえ

料理研究家・栄養士。

大手外食企業、食品会社を経て独立。子育ての経験を活かした、作りやすくて栄養バランスのよい料理が好評で、現在、書籍、雑誌、テレビ、企業販促用のレシピ開発など幅広いフィールドで活躍中。本書は自身のふだんの食事から生まれた企画で、野菜をムリなくたっぷり、おいしく食べられるアイデアが満載！『朝つめるだけ！たんぱく質のお弁当378』『野菜たっぷり大量消費レシピ304』（以上新星出版社)、『今日は、どれ作る？ パスタ365』(永岡書店)、『野菜もりもり スープこそ最高のごちそう：朝・昼・晩 カラダ喜ぶ100レシピ』（主婦と生活社)、『［１歳半～５歳］おいしくてパクパク食べちゃう！ ラクうま幼児食』（ナツメ社）など著書多数。

阪下千恵公式サイト　ブルーテラス

https://chie-sakashita.com

Staff

アートディレクション・デザイン　小椋由佳

撮影　武井メグミ

スタイリング　黒木優子

栄養価計算　大越郷子（管理栄養士）

調理アシスタント　宮田澄香　岩間明子　松藤亜佑子　木村瀬伶奈

校正　高柳涼子

DTP　宇田川由美子

構成・編集　倉橋利江

撮影協力　UTUWA

本書の内容に関するお問い合わせは、**書名、発行年月日、該当ページを明記**の上、書面、FAX、お問い合わせフォームにて、当社編集部宛にお送りください。**電話によるお問い合わせはお受けしておりません。**
また、本書の範囲を超えるご質問等にもお答えできませんので、あらかじめご了承ください。
FAX：03-3831-0902
お問い合わせフォーム：https://www.shin-sei.co.jp/np/contact-form3.html

野菜がとれるかんたんワンプレートごはん

2023年６月25日　初版発行

著　者　阪　下　千　恵
発行者　富　永　靖　弘
印刷所　公和印刷株式会社

発行所　東京都台東区台東２丁目24　株式会社　新星出版社
〒110-0016　☎03(3831)0743

ISBN978-4-405-09445-1